A TOKENIZAÇÃO
DO DINHEIRO

Como Blockchain, Stablecoin, CBDC
e o DREX mudaram o futuro

GUSTAVO CUNHA

A TOKENIZAÇÃO
DO DINHEIRO

Como Blockchain, Stablecoin, CBDC
e o DREX mudaram o futuro

A TOKENIZAÇÃO DO DINHEIRO: COMO BLOCKCHAIN, STABLECOIN, CBDC E O DREX MUDARAM O FUTURO
@ALMEDINA, 2024

AUTOR: GUSTAVO CUNHA
DIRETOR DA ALMEDINA BRASIL: Rodrigo Mentz
EDITOR: Marco Pace
EDITORA DE DESENVOLVIMENTO: Luna Bolina
PRODUTORA EDITORIAL : Erika Alonso
ASSISTENTES EDITORIAIS: Laura Pereira, Patricia Romero e Tacila Souza

REVISÃO: Casa de Ideias
DIAGRAMAÇÃO: Casa de Ideias
DESIGN DE CAPA: Casa de Ideias

ISBN 978-65-87019-85-7
Maio, 2024

DADOS INTERNACIONAIS DE CATALOGAÇÃO NA PUBLICAÇÃO (CIP)
(CÂMARA BRASILEIRA DO LIVRO, SP, BRASIL)

Cunha, Gustavo

A tokenização do dinheiro : como blockchain, stablecoin, CBDC e o DREX mudaram o futuro / Gustavo Cunha. -- São Paulo : Actual, 2024..

Bibliografia.
ISBN 978-65-87019-85-7

1. Bitcoin 2. Blockchains (Base de dados) 3. Criptomoedas 4. Dinheiro 5. Economia 6. Inovação tecnológica I. Título.

24-198118 CDD-332.4

Índices para catálogo sistemático:
1. Dinheiro : Economia 332.4
Eliane de Freitas Leite - Bibliotecária - CRB 8/8415

Este livro segue as regras do novo Acordo Ortográfico da Língua Portuguesa (1990).

Todos os direitos reservados. Nenhuma parte deste livro, protegido por copyright, pode ser reproduzida, armazenada ou transmitida de alguma forma ou por algum meio, seja eletrônico ou mecânico, inclusive fotocópia, gravação ou qualquer sistema de armazenagem de informações, sem a permissão expressa e por escrito da editora.

EDITORA: Almedina Brasil
Rua José Maria Lisboa, 860, Conj.131 e 132, Jardim Paulista | 01423-001 São Paulo | Brasil
www.almedina.com.br

AGRADECIMENTOS

Ao refletir sobre a incrível jornada que foi escrever este livro, muitos rostos e histórias vêm à minha mente. A cada página, cada revelação e a cada novo entendimento, tive a honra de caminhar lado a lado com uma comunidade insuperável.

Meu primeiro e profundo agradecimento vai para aqueles que se uniram a mim nesta odisseia oferecendo seu tempo, seu esforço e sua paixão pela inovação durante as mais de duzentas entrevistas realizadas pela Fintrender ao longo de cinco anos. Empreendedores, personalidades, criadores de conteúdo e investidores, todos trouxeram perspectivas valiosas que, direta ou indiretamente, moldaram as páginas que você está prestes a ler.

Desde o início de 2023, lancei um segmento de lives na Fintrender, o "Money Innovation". As conversas, ao vivo ou não, com Marcelo Deschamps, Mauricio Magaldi, Rodrigoh Henriques, Daniel Tártaro e Thamilla Talarico foram indispensáveis para a consolidação de várias ideias expressas neste livro. A vocês, minha sincera gratidão.

No aspecto técnico, não posso deixar de agradecer a Jeff Prestes, Robson Junior e Solange Gueiros. Eles, sempre dispostos, elucidaram várias de minhas dúvidas, permitindo-me expressar conceitos com clareza e precisão. Quaisquer equívocos que persistam são, indubitavelmente, meus.

À equipe da ResetFunds, Deco, Bernardo Quintão, Ricardo Araki e Diogo Gouveia, minha gratidão. Nossos debates diários, durante dois anos, foram vitais para moldar a visão exposta nesse livro.

João Hazim, sua parceria nas inúmeras lives e sua habilidade em desafiar perspectivas foram essenciais para expandir horizontes.

Daniel Duarte, sua experiência na publicação dos seus livros foi um farol na concretização deste projeto.

André Piva e Mauro Cavalletti, guardiões de sabedoria e mentores em minha trajetória, merecem um lugar especial neste agradecimento.

À minha amada esposa, Flávia: sua paciência e fé guiaram-me nas horas de incerteza. Aos meus filhos, Fernanda e Rodrigo, refletindo a luz que ilumina meu caminho, vocês são o espelho de meu próprio crescimento.

E a você, estimado leitor, que busca entendimento e se lança na leitura desta obra sobre a tokenização da moeda: que ela sirva como guia e inspiração, assim como o assunto tem sido para mim.

Que possamos, juntos, ser testemunhas e agentes ativos da próxima etapa da evolução financeira mundial.

Com profundo carinho e gratidão,

Gustavo

SUMÁRIO

Agradecimentos..5

Introdução 11

1. Leitura prévia 15

    1.1 Bitcoin e Blockchain 15

    1.2 Ethereum 18

        a. Smart Contracts (contratos inteligentes) 18

        b. Ethereum Virtual Machine (EVM).......................19

        c. Padrões ERC 21

    1.3 Blockchain e DLT 22

    1.4 Tokens...25

    1.5 Mecanismos de consenso 26

    1.6 Layers (camadas) 27

    1.7 Oracles 29

    1.8 Web3 30

    1.9 Tokenização 32

2. Tokenização..35

    2.1 Tokenização não é digitalização...........................37

    2.2 Custódia...40

8 A TOKENIZAÇÃO DO DINHEIRO

2.3 Interoperabilidade 42

2.4 Privacidade 43

2.5 Escalabilidade 45

3. O que é moeda e no que ela está se transformando? 46

3.1 O que é moeda 46

3.2 Moeda e lastro 50

3.3 Relação da moeda com sistemas de pagamento 51

3.4 Por que a digitalização da moeda é inevitável? 57

3.5 O fim do dinheiro físico (cash) e seu impacto na nossa privacidade 58

3.6 A digitalização do dinheiro e a segurança dos dados 62

3.7 Moeda e pagamento 64

3.8 Tokenização poderia levar a uma fusão entre moeda e juros? 68

4. DeFi: mostrando o caminho e as vantagens da tokenização 71

4.1 Empréstimos em cripto – futuro dos bancos? 73

4.2 DEX – futuro das Bolsas e corretoras? 76

    4.2.1 Stablecoins e DEX como uma forma muito eficiente de fazer câmbio 79

4.3 DEX de derivativos – futuro das Bolsas de derivativos? 82

4.4 Gerenciando tokens via DeFi – futuro da indústria de fundos? 87

4.5 DeFi 2.0 e streaming de dinheiro. 90

4.6 DeFi e Stablecoins 93

5. As novas formas de moeda 95

5.1 Moedas privadas – Stablecoins..............................95

    5.1.1 Tipos de Stablecoins 96

    5.1.2 Casos de uso para uma Stablecoin................... 107

5.1.3 Libra: a Stablecoin da Meta que deu errado, ou não? ... 109

5.1.4 A queda impulsionada pela reflexividade 112

5.1.5 Fragilidade das Stablecoins........................... 114

5.1.6 Por que usaremos as Stablecoins em breve........... 117

5.2 CBDC.. 119

5.2.1 Por que o Banco Central do Brasil (e todos os outros) querem emitir sua moeda digital? 122

5.2.2 CBDCs e privacidade................................ 124

5.2.3 Infraestrutura de rede para CBDCs 127

5.2.4 Projeto Stella....................................... 129

5.2.5 Projeto Jasper 130

5.2.6 e-CNY (DCEP), China e os testes com CBDC.......... 131

5.2.7 Austrália 134

5.2.8 Estados Unidos...................................... 135

5.2.9 Europa... 136

5.2.10 Projetos envolvendo o BIS Innovation HUB.......... 137

5.2.11 Drex 142

6. Para ficarmos de olho 150

6.1 Account Abstraction, endereçando a usabilidade de redes não permissionárias...................................... 150

6.2 ZK (Zero Knowledge), endereçando privacidade e interoperabilidade 152

6.3 O que falta para tudo virar token? 156

6.3.1 Tokenização de imóveis 159

6.3.2 Tokenização do agro 160

6.3.3 Tokenização da identidade 160

6.3.4 Tokenização e gaming 161

6.3.5 Tokenização na saúde............................... 161

6.3.6 Tokenização e o rastreamento de doações 162

6.3.7 Tokenização e o setor de comunicações e de eletricidade 162

6.4 Um pulo no futuro: Como o Drex e a tokenização de tudo afetará nossas vidas 163

6.5 Depin, a narrativa que faltava para todos virarmos mineradores 165

Conclusão: O amanhecer de uma Nova Era Monetária 169

Referências 172

INTRODUÇÃO

Em 1990, a vida era notavelmente diferente da atual. As pessoas dependiam de telefones fixos para se comunicar, e o correio era predominantemente físico, com cartas e cartões postais sendo meios comuns de correspondência. A internet estava em seus estágios iniciais, e o conceito de e-mail ou navegação web ainda não era parte da rotina diária da maioria das pessoas. Para obter informações, recorria-se a jornais impressos, revistas, bibliotecas, rádio e televisão. Fotografias eram tiradas em câmeras de filme, que exigiam revelação em lojas especializadas. Entretenimento envolvia ir ao cinema, alugar fitas VHS em locadoras ou ouvir música em cassetes e CDs. Sem smartphones, aplicativos ou redes sociais, a interação social era predominantemente cara a cara, e planejar encontros ou saídas exigia mais organização e comprometimento, já que não era possível enviar uma mensagem instantânea ou fazer uma rápida chamada de vídeo. A vida, sem a constante conectividade e conveniência tecnológica de hoje, tinha um ritmo mais lento e tangível.

Agora imagine que uma pessoa tenha dormido nesse cenário de anos atrás e acorde hoje. O que ela vê? Um maravilhoso mundo novo!

Praticamente todas as referências dessa pessoa se alteraram. Hoje, não nos comunicamos com as outras pessoas da mesma forma, não estudamos da mesma forma, não fazemos pagamentos da mesma forma. Tudo mudou em poucos anos, e eis o mais impressionante: está acelerando.

Bitcoin foi criado em 2008, Ethereum, em 2015, o PIX, em 2020 e 2023 marca o ano do piloto da Drex, a plataforma do Banco Central do Brasil que será construída com base em Blockchain.

É nesse ambiente que este livro se encaixa e vem no intuito de preparar nossas mentes para as mudanças com relação ao maior dos ativos conhecidos no mundo: a **moeda** ou, em outras palavras, o **dinheiro**.

A moeda é uma criação humana que está presente no dia a dia de todos nós. Seja para fazer pagamentos, poupar para a aposentadoria ou, simplesmente, para expressar o valor de itens, ela é uma constante em todas as culturas atuais. Sua função e forma sofreram inúmeras mudanças com o passar dos séculos, com vários pontos importantes de ruptura e inovação, e o momento atual tem indícios de ser mais um desses períodos.

Se há cinquenta anos o dinheiro em papel era o principal meio pelo qual a moeda transitava, hoje, já há países como a Suécia, onde a maioria dos estabelecimentos comerciais não o aceitam mais para pagamentos. A digitalização da moeda é um fenômeno em plena aceleração e imparável.

Acompanhando essa digitalização surgem novas tecnologias, como a Blockchain, criando ambientes digitais para a moeda se expressar. E é aí que o conteúdo deste livro se torna essencial! Acredito que a principal expressão da moeda, em breve, será em uma rede de Blockchain, via sua representação privada (Stablecoin) ou sua representação pública (CBDC – Central Bank Digital Currency). E quanto antes você entender isso e seus impactos, oportunidades e riscos, melhor estará preparado para o futuro.

A moeda, como a conhecemos hoje, provavelmente será muito diferente em algumas décadas. Já estamos presenciando o início dessa transformação, e suas novas forma e função estão sendo moldadas, de inovação em inovação. Essa corrida envolve desde libertários até Bancos Centrais, sendo influenciada pela emergente tecnologia da Blockchain ou DLT.

A possibilidade de termos tudo tokenizado e representado em redes de Blockchain é o pano de fundo dessa transformação. E, nesse sentido, a moeda passa a ser o principal ator deste mundo. A digitalização da moeda foi, e continua sendo, um desafio do ponto de vista técnico e econômico, mas que em muitas partes do mundo já está superada. Interagimos hoje com a moeda em campo digital para muito do que fazemos, mas quando falo de "tokenização da moeda" estou refletindo sobre um próximo passo nesse sentido.

Vale comentar que meu objetivo ao escrever este livro é trazer para todos essa minha visão clara de para onde estamos indo em termos de desenvolvimento desse ativo que mais utilizamos: a moeda. No entanto, confesso que, seja por vício, costume ou por ter muitos dos conceitos já consolidados na minha cabeça, acabo tratando alguns termos como já de conhecimento de todos. Muitas vezes, isso não é verdade. Por isso, para ajudá-lo nesse caminho, coloquei aqui, logo no início, uma seção de pré-leitura. Nela, mais do que definir os conceitos, explico, com minhas palavras e minha forma de ver, alguns termos que usarei bastante durante o livro.

Em um mundo em que tudo será tokenizado, a moeda será o seu principal token, e por isso empreendedores e Bancos Centrais estão nessa corrida frenética para transformar moedas em tokens o quanto antes. Os desafios não são pequenos nem somente técnicos, mas também regulatórios e culturais; contudo, a trajetória já foi traçada e é sobre isso que trataremos nos próximos capítulos. Convido você a embarcar nesta jornada, explorando os intricados detalhes da próxima Era da Moeda e espero responder às principais perguntas que você se fará no futuro.

Este livro está organizado da seguinte forma: após o primeiro capítulo, referente a uma pré-leitura, começamos um capítulo um pouco mais denso, no qual discuto alguns aspectos bastante técnicos da tokenização, a diferença entre tokenização e digitalização e de que forma temas como privacidade e interoperabilidade estão sendo tratados.

A seguir, apresento discussões sobre o que é moeda, seu lastro e como manter a privacidade em um mundo digitalizado. Abordarei também outros temas que atualmente estão transformando e redefinindo diversos conceitos e aplicações do que chamamos de moeda.

No quarto capítulo pulamos para o lado das Blockchains não permissionárias, sem regulação, totalmente transparentes, com custódia própria e código aberto, para entendermos o que já está construído em DeFi. Nesse ambiente, a inovação corre solta e abre muito a nossa cabeça para novas possibilidades que já estão sendo testadas. Aqui a ênfase também é dada para as melhoras de eficiência e inovações que a Blockchain permite. Mais do que analisar os casos de uso, que são fantásticos, o ponto é nos levar para o lado de lá da cerca e demonstrar que muito do que está sendo feito em DeFi pode ser incorporado ao mercado financeiro tradicional, assim que ele estiver regulamentado e preparado para lidar com Smart Contracts, ou seja, tão logo a principal infraestrutura do mercado financeiro tradicional for baseada em Blockchain, ou DLT.

No quinto capítulo, entramos de vez na tokenização da moeda abordando dois cenários: a tokenização da moeda feita de modo privado, via stablecoins, ou pelo seu próprio emissor, os Bancos Centrais, no que convencionamos chamar de CBDCs (Central Bank Digital Currency). Nesse capítulo também trago um levantamento das inúmeras iniciativas feitas pelos Bancos Centrais nesse sentido, incluindo a do Banco Central do Brasil, o Drex, que, aqui vai um "spoiler", utilizará um modelo híbrido de CBDC e Stablecoin.

No sexto capítulo olhamos as possibilidades e integrações além da tokenização da moeda. O que mais pode ser tokenizado? Quais as vantagens? Encare como um "aperitivo", uma introdução ao que é possível realizar nessas redes, especialmente quando nosso dinheiro estiver tokenizado e circulando livremente por elas.

Ao virar a última página deste livro, espero que perceba que o que compreendemos agora é apenas o rascunho inicial de um futuro repleto de possibilidades. A incessante metamorfose da moeda e da tecnologia financeira é um espelho das constantes revoluções em nossa sociedade e cultura. Este livro foi concebido para, ancorado no presente, servir de bússola para nossa navegação. Mas a verdadeira jornada começa quando sua curiosidade e seu espírito questionador o levarem além destas páginas, rumo ao desconhecido.

É imprescindível reconhecer que o futuro não é estático. Ele é moldado por cada inovação, descoberta e, sobretudo, pelas ações que tomamos. A invenção da Blockchain é uma prova incontestável de como podemos redefinir as trilhas do amanhã. Prepare-se, pois a aventura está apenas começando!

1. LEITURA PRÉVIA

Antes de nos aprofundarmos nas complexidades e nas inovações mais recentes do mundo da tokenização e da Blockchain, é essencial estabelecermos um entendimento comum e uma base sólida. Este capítulo destina-se àqueles que talvez estejam menos familiarizados com esses conceitos ou que desejem uma revisão rápida dos princípios básicos. Mais do que trazer as definições sobre esses temas, o que coloquei a seguir foi o meu entendimento dessas questões de uma forma acessível a todos.

Se você já tem um conhecimento considerável sobre tokenização e Blockchain e sente que está bem versado nos conceitos fundamentais, sinta-se à vontade para pular esta parte, indo direto para o capítulo seguinte. No entanto, para aqueles que estão apenas começando sua jornada ou para os que desejam dar uma refrescada nos conceitos, este capítulo foi feito especialmente para vocês.

1.1 Bitcoin e Blockchain

Blockchain é uma tecnologia de registro digital descentralizada e distribuída que teve o Bitcoin como seu primeiro caso de uso. É um livro-razão digital. Usando Blockchain é possível registrar transações em vários computadores de forma que as transações registradas não podem ser alteradas retroativamente sem modificar todos os blocos subsequentes. Isso garante a integridade e a segurança dos dados.

Cada bloco na cadeia contém uma série de transações e, sempre que uma nova transação ocorre na Blockchain, um registro dessa transação é adicionado ao livro-razão de todos os participantes.

Essa cadeia de blocos é disposta em ordem cronológica e o link entre eles é feito via criptografia assimétrica, de tal modo que, para alterar as transações registradas três blocos atrás, é necessário quebrar as duas criptografias dos blocos subsequentes a ele.

Usando a Blockchain do Bitcoin como exemplo, temos que, a cada dez minutos aproximadamente, temos um bloco registrado. Esse bloco tem registrado nele o hash[1] do bloco anterior e que fará parte do hash que será criado para esse bloco também. Dessa forma, para chegar no hash de três blocos para trás, é preciso desvendar cada um dos hashs dos blocos subsequentes, até chegar nele. Se você só altera uma transação em um bloco, a cadeia automaticamente rejeitará esse bloco, já que o hash do bloco posterior não o reconhecerá. É como uma cadeia de senhas crescente, onde, para descobrir a senha de um item que esteja lá embaixo na cadeia, você tenha que ir decifrando um a um, desde o mais recente, até chegar lá. É preciso fazer isso rapidamente, pois em dez minutos um novo bloco será registrado, contendo um novo hash, que precisará ser o primeiro a ser decifrado.

Essa cadeia de blocos, ou hashs interligados, é o que nos permite dizer que, depois de termos seis blocos consecutivos da rede Bitcoin registrados, o dado do sexto bloco é imutável. Não que os dados dos blocos mais

---

[1] Em criptografia, o termo "hash" refere-se a um algoritmo que transforma dados de qualquer tamanho em uma sequência fixa de caracteres, geralmente representada por uma string de números e letras. Esse processo é conhecido como "função hash". A ideia é que, a partir de uma entrada específica, a função hash sempre produza o mesmo valor de saída. No entanto, qualquer alteração mínima na entrada resultará em uma saída drasticamente diferente.

Uma característica vital das funções hash é que elas são unidirecionais. Isso significa que, embora você possa gerar um valor hash a partir de uma entrada, o processo inverso (obter a entrada original apenas com seu hash) é computacionalmente inviável.

recentes não o sejam, mas que, dado que a forma de decifrar esse hash é via tentativa e erro, após seis blocos, nem que usemos toda a capacidade computacional mundial atual conseguiríamos decifrar os cinco hashs em menos de dez minutos.

Outro parâmetro importante que torna a Blockchain resistente às adulterações e fraudes é o seu mecanismo de consenso. Os mais conhecidos são: o mecanismo de Proof of Work (POW) ou Prova de Trabalho, no qual o validador da transação prova ter a maior capacidade de execução e, assim, ganha o direito de registrar a operação; e o mecanismo de Proof of Stake (POS) ou Prova de Participação, no qual o validador precisa ser aquele que tem mais tokens em risco em determinada rede. Ou seja, é quem mais tem a perder caso a operação registrada seja fraudulenta e o valor da rede e do seu token diminua.

Esses mecanismos de consenso são importantes, entre outras razões, porque estamos falando de protocolos e estruturas, com código aberto, ou seja, qualquer pessoa pode copiar o código e lançar uma plataforma ou infraestrutura muito similar. Assim, o custo de fazer um Ctrl+C e Ctrl+V é mínimo. Não existem questões de propriedade intelectual ou coisas do tipo. Isso ressalta outro ponto dessas redes, que é o fato de a comunidade ao seu entorno ser um dos fatores importantes do seu valor.

É crucial entender que a Blockchain será a tecnologia que viabilizará a criação de uma infraestrutura de rede para a tokenização. Da mesma forma que as regras e os padrões de comunicação entre os computadores, que ficaram conhecidos como TCP/IP (Transmission Control Protocol / Internet Protocol), foram fundamentais para a expansão e popularização da internet, a Blockchain desempenhará esse papel no universo da Web3, definindo padrões e regras para que todos consigam interagir com os Tokens.

A essa altura você já deve já estar se perguntando: "Por que tenho que saber disso, já que nunca me preocupei com o TCP/IP e como a internet funciona?". As razões para isso estão na essência de como a Web3 funciona, mas antes disso, entenderemos melhor as inovações que a rede Ethereum implementou.

1.2 Ethereum

A Ethereum é, no momento que escrevo, o maior exemplo de Blockchain do mercado. Apesar da rede do Bitcoin e seu token bitcoin serem os mais conhecidos, é na rede Ethereum, usando seu token Ether, que as coisas estão se desenvolvendo. Isso se deve, em grande parte, pelo conceito de Smart Contracts que a rede Ethereum trouxe consigo.

a. Smart Contracts (contratos inteligentes)

A rede Ethereum veio a público em 2015 com uma novidade em relação à rede Bitcoin, possibilitando que não apenas façamos transferências de valores sem intermediários no campo digital, de modo seguro, direto e imutável, mas que tenhamos a possibilidade de colocar condicionantes para que essa transação ocorra. É como se a transação só pudesse ser registrada se alguns parâmetros fossem atingidos. Isso, meus caros, é hoje conhecido como Smart Contracts.

A primeira coisa que salta aos olhos é o nome. Contratos inteligentes?! A ideia aqui nunca foi criar uma inteligência, ou associar o nome à inteligência artificial. Foi simplesmente uma forma, talvez não tão feliz, de indicar que aqueles contratos criam condicionantes ao registro da operação e que, por consequência, tenhamos a possibilidade de criar coisas mais complexas (inteligentes?) do que uma simples operação de transferência de tokens.

A criação desse condicionante parece uma mudança simples, e até é, mas mudou muito o ambiente. A partir daquele momento, passamos a conseguir expressar na rede da Ethereum uma enormidade de casos de uso, tais como DVP (Deliver versus Payment) na troca entre dois tokens, modelos de governança, condicionantes para emissão de tokens não fungíveis, entre outros inúmeros casos de uso.

Para citar um exemplo que uso – e que já se popularizou –, quando vendemos um carro usado sempre temos a discussão sobre o que acontece primeiro, o envio do dinheiro ou a assinatura de transferência no DUT. O PIX ajudou muito nisso, mas, mesmo assim, as transações não são automáticas e condicionadas. Isso, na Blockchain da Ethereum, pode ser facilmente feito se tivermos um token representativo do dinheiro e outro do DUT, e a transação ocorre com a transferência dos dois tokens automaticamente ou não ocorre.

Entendo os Smart Contracts como um mecanismo condicional que determina se avançamos ou não em certas operações. Especialistas técnicos podem argumentar que eles oferecem soluções muito mais sofisticadas e complexas. Concordo! No entanto, ao visualizar os Smart Contracts como um mecanismo condicional, já abrangemos uma vasta gama de aplicações e simplificamos nossa perspectiva diante desse turbilhão de inovações.

Além dos Smart Contracts, a rede Ethereum também trouxe consigo o EVM.

b. Ethereum Virtual Machine (EVM)

Imagine uma máquina capaz de processar, validar e executar operações complexas em uma rede global. Agora, pense nessa máquina, não como um objeto físico, mas como um conjunto de regras e códigos que governam um universo digital. Essa é a EVM (Ethereum Virtual Machine), o coração da rede Ethereum.

A EVM é como o cérebro por trás da Ethereum, permitindo que desenvolvedores de todo o mundo criem e implementem aplicações descentralizadas, conhecidas como dApps. Ela age como uma supercalculadora, processando e autenticando cada transação na rede Ethereum. Mas ao invés de lidar apenas com números e cálculos simples, a EVM opera com códigos complexos e contratos inteligentes, garantindo que cada operação seja realizada de forma justa e transparente.

Em termos mais técnicos, a EVM é o ambiente de execução no núcleo do Ethereum. Funciona como uma quase máquina "Turing completa", o que significa que ela consegue resolver qualquer problema algorítmico, contanto que lhe seja dado tempo e memória suficientes. A EVM permite o desenvolvimento e a execução de contratos inteligentes e scripts autoexecutáveis que são escritos na linguagem de programação Solidity e, em seguida, compilados para o bytecode do Ethereum para serem executados pela EVM.

Todas as operações que ocorrem no Ethereum, desde simples transferências de Ether até a execução de códigos complexos em dApps, são processadas pela EVM. Para cada operação, há um custo fixo, medido em "gas", que garante que os recursos da rede sejam usados eficientemente e evita que códigos maliciosos ou mal projetados sobrecarreguem a rede.

O termo "gas" refere-se à unidade que mede a quantidade de esforço computacional necessário para executar operações, como fazer transações, ou executar contratos inteligentes. Pense no gas como o combustível que alimenta a maquinaria da rede Ethereum. Cada operação tem um custo específico em gas, determinado pela complexidade da operação. Os usuários pagam pela quantidade de gas utilizada em suas transações usando Ether, a moeda nativa da rede Ethereum. Este sistema garante que a rede funcione de maneira eficiente, incentivando os usuários a otimizar suas operações e penalizando atividades que consomem muitos recursos. Em suma, o gas é um mecanismo essencial que mantém a integridade e eficiência da rede Ethereum.

Voltando à EVM, esta é completamente isolada, o que significa que o código executado nela não tem acesso à rede, sistema de arquivos ou outros processos. Isso garante a segurança e a integridade dos dApps e dos Smart Contracts.

Cada nó na rede Ethereum executa sua própria implementação da EVM, garantindo a descentralização e a redundância em toda a rede. Isso significa que, quando um contrato é executado, ele é replicado em cada nó da rede, garantindo sua imutabilidade e resistência à censura.

A EVM é um componente fundamental do ecossistema Ethereum, permitindo a criação e execução de aplicações descentralizadas de maneira segura e eficiente.

O que se discute muito hoje é o desenvolvimento de Blockchains compatíveis com os padrões da EVM, EVM Compatibles, ou compatíveis com EVM. As vantagens de ser compatível com a EVM estão na facilidade de migração de códigos de uma rede para outra, interoperabilidade e, mais recentemente, de se valer da enorme comunidade ao redor da rede Ethereum.

Quando tratamos da moeda e de soluções financeiras, ser compatível EVM facilita a "importação" de tudo o que está sendo desenvolvido em DeFi e que veremos mais à frente. Isso, entre outros fatores, faz com que várias das Blockchains atuais e muitas DLTs estejam seguindo esse padrão. O piloto do Drex, por exemplo, será rodado em Hyperledger Besu, uma rede compatível EVM.

c. Padrões ERC

Para facilitar o desenvolvimento em uma rede distribuída, algum padrão ou regra comum se mostra necessário, e foi visando isso que foram criados na rede Ethereum os padrões para criação e execução dos tokens (definirei token um pouco mais à frente). Esses padrões respondem pelo nome de ERC, seguido de um número, e se originam em uma proposta, ou sugestão apresentada à comunidade Ethereum sobre como certos aspectos ou funcionalidades da rede devem operar. O acrônimo vem de Ethereum Request for Change (ERC).

Assim como um arquiteto apresentaria um novo design de edifício para ser revisado e discutido por outros arquitetos e engenheiros antes de ser construído, um desenvolvedor, ou grupo de desenvolvedores, apresenta uma proposta ERC para a comunidade Ethereum revisar, discutir e, eventualmente, adotar.

Estas propostas que seguem um número crescente, uma vez aceitas e implementadas, tornam-se padrões na rede Ethereum. Os mais notáveis entre eles são os padrões ERC-20 e ERC-721, que se referem a padrões para criar tokens.

O ERC-20 é talvez o padrão mais reconhecido no espaço Ethereum. Ele define um conjunto comum de regras que todos os tokens podem seguir na rede Ethereum, permitindo que qualquer token que siga esse padrão seja intercambiável ou compatível com outros tokens que também sigam o mesmo padrão. Isso significa que se você desenvolver uma carteira que suporte um token ERC-20, ela também poderá suportar outros tokens ERC-20, sem a necessidade de fazer alterações significativas. Essa padronização revolucionou a maneira como os projetos lançam novos tokens, tornando todo o processo muito mais simplificado.

Por outro lado, temos o padrão ERC-721, que introduziu o conceito de tokens não fungíveis (NFTs) ao mundo. Ao contrário dos tokens ERC-20, que são intercambiáveis, com cada token igual ao outro, os tokens ERC-721 são únicos. Cada token tem um identificador exclusivo, tornando-o distinto de outros tokens.

Além desses dois, temos também outros padrões que introduzem novidade na rede Ethereum, tal qual o ERC-4337, que introduz as formas de se fazer Account Abstraction (tema que trataremos adiante), o ERC-6551, que faz com que o NFT não possa ser transferido de uma conta para outra, e vai no sentido do texto do Vitalik sobre Soulbounds[2].

Em essência, ERC é a maneira da comunidade Ethereum colaborar, discutir e definir novas diretrizes para garantir que a rede continue a crescer de forma harmoniosa e inovadora.

1.3 Blockchain e DLT

A confusão entre esses dois termos, Blockchain e DLT (Distributed Ledger Technology), não é pequena. Ambas as tecnologias, DLT e Blockchain, estão intimamente relacionadas, mas apresentam diferenças sutis. Definiremos cada uma e, em seguida, destacaremos suas diferenças:

DLT

Definição: DLT é um sistema digital para registrar a transação de ativos nos quais as transações e seus detalhes são registrados em vários lugares ao mesmo tempo. Ao contrário dos bancos de dados tradicionais,

---

[2] Vitalik. Disponível em: https://vitalik.eth.limo/general/2022/01/26/soulbound.html.

os registros distribuídos não têm uma central de armazenamento de dados ou funcionalidade administrativa.

Características:

Descentralização: Ao invés de uma autoridade central ou intermediário supervisionando o registro (como um banco em sistemas tradicionais), múltiplos participantes (nós) supervisionam, validam e registram entradas.

Algoritmos de consenso: São protocolos usados para alcançar um acordo sobre um único valor de dados entre processos ou sistemas distribuídos. Eles ajudam a garantir que todas as cópias do registro sejam iguais.

Segurança: As entradas no registro são seguras, criptográficas e frequentemente imutáveis, ou seja, não podem ser alteradas após terem sido adicionadas.

Blockchain

Definição: Uma Blockchain é um tipo de DLT onde transações são registradas em blocos e esses blocos são ligados (ou "encadeados") juntos, em ordem sequencial. Cada bloco faz referência ao bloco anterior, formando uma cadeia interconectada.

Características:

Ordenação sequencial: A "cadeia" de blocos garante uma ordem cronológica das transações, facilitando o rastreamento de qualquer transação até sua origem.

Criptografia: Cada bloco contém um código único (hash) baseado no conteúdo do bloco e no hash do bloco anterior. Isso garante a integridade de toda a cadeia, pois alterar qualquer transação em um bloco exigiria a mudança do conteúdo de todos os blocos subsequentes.

Descentralização e consenso: Como outras DLTs, Blockchains são tipicamente descentralizadas, e algoritmos de consenso são usados para validar transações.

As principais diferenças entre DLT e Blockchain são:

Escopo: Todas as Blockchains são DLTs, mas nem todos os DLTs são Blockchains. Isso significa que Blockchain é um subconjunto de DLT, que por sua vez é uma categoria mais ampla que abrange sistemas que distribuem registros ou dados em vários sites, regiões, ou participantes, incluindo, mas não se limitando, às estruturas Blockchain.

Estrutura de dados: A característica mais distintiva de uma Blockchain é sua "cadeia" de blocos. Já os DLTs, em contraste, podem não organizar dados em blocos ou em uma sequência encadeada. Eles podem usar outras estruturas de dados e técnicas para alcançar consenso distribuído.

Casos de uso: Enquanto Blockchains são frequentemente associadas a ambiente não permissionários como Bitcoin e Ethereum, os DLTs podem ser usados em uma variedade de aplicações em que consenso distribuído e manutenção de registros são valiosos, sem necessariamente empregar uma estrutura baseada em blocos. Exemplos de usos de DLTs incluem gerenciamento de cadeia de suprimentos, sistemas de votação e armazenamento em nuvem distribuído.

Em resumo, embora a Blockchain seja talvez a forma mais conhecida de DLT devido ao surgimento das criptomoedas, o DLT abrange uma gama mais ampla de sistemas de registros distribuídos.

Ao longo deste livro colocarei o termo Blockchain sempre para tratar de redes de Blockchain públicas e não permissionárias, tais como as redes do Bitcoin e Ethereum. Essas redes têm por base acesso aberto a todos, validadores (ou "nós", como, às vezes, chamarei) distribuídos e transparência total nas transações (todos podem ver e verificar tudo).

Quando citar redes privadas, permissionárias, tratarei, em geral, pelo nome de DLT, mesmo que em alguns casos estejamos tratando de Blockchains permissionárias, ou seja, um tipo específico de DLT. Nessas redes, normalmente, temos acesso limitado, com a possibilidade de criação de diversos perfis de acesso, validadores mais centralizados e por consequência uma maior privacidade dos dados que transitam nessas redes.

Ou seja, enquanto redes Blockchain públicas são abertas e distribuídas, redes Blockchain privadas são mais restritas e podem ser parcialmente centralizadas, cada uma atendendo a diferentes necessidades e aplicações.

Uma discussão que acompanha sempre a implementação e utilização de Blockchains e DLTs de modo geral é a incapacidade de se atingir o máximo em três linhas ao mesmo tempo: segurança, descentralização e escalabilidade. O famoso "Trilema da Blockchain":

Trilema da Blockchain		
Diz-se que as redes de Blockchain enfrentam um "trilema", onde é impossível atingir três atributos desejados ao mesmo tempo:		
SEGURANÇA	**DESCENTRALIZAÇÃO**	**ESCALABILIDADE**
Garantir que a rede esteja protegida contra ataques e falhas.	Evitar que o poder ou o controle seja concentrado em um número limitado de validadores (nós).	A capacidade de processar um grande número de transações rapidamente.

1.4 Tokens

Antes de falar sobre tokens, temos que falar sobre fungibilidade. Esse termo pouquíssimo usado no nosso dia a dia veio à tona quando se começou a fazer a divisão entre os tokens (fungíveis) e NFTs (Non-Fungible Tokens ou tokens não fungíveis).

Fungibilidade é uma propriedade de um bem ou ativo cujas unidades individuais são intercambiáveis. Em termos simples, se algo é fungível, significa que cada unidade é igual a outra unidade do mesmo tipo. Por exemplo, uma cédula de cinquenta reais é fungível porque toda e qualquer cédula de cinquenta reais tem o mesmo valor que qualquer outra cédula de cinquenta reais. Se você trocar uma cédula de cinquenta reais por outra, você ainda terá uma cédula de cinquenta reais.

O oposto de fungível é não fungível. Aqui o exemplo que sempre uso é o quadro *Mona Lisa*, que está no museu do Louvre, em Paris. Você até pode ter uma cópia muito parecida na parede da sua casa, mas o original está no Louvre. Seu carro, seu apartamento e até uma nota de cinquenta reais, se estiver assinada pelo Pelé, são considerados não fungíveis. Não preciso me estender aqui para você ver que no mundo, hoje, temos muitas coisas não fungíveis.

Juntando fungibilidade e tokens, temos:

Tokens: São unidades digitais de valor emitidas em Blockchains. Aqui estão todos os casos de tokens fungíveis. Eles representam um ativo ou uma utilidade e podem ser usados para diversos fins, como representar o dinheiro, ações de uma empresa ou pontos de fidelidade.

NFTs (Non-Fungible Tokens) ou Tokens Não Fungíveis: São um tipo especial de token que representam algo único, diferentemente de tokens fungíveis, onde cada token é igual a outro. NFTs podem representar qualquer coisa digital que seja única, como arte, itens colecionáveis, música, vídeos, entre outros. Cada NFT tem informações distintas e metadados que os tornam intransferíveis, garantindo autenticidade e prova de propriedade na Blockchain.

No mundo das Blockchains não permissionárias, os NFTs são hoje muito associados à arte digital e comunidades digitais, como Bored Apes e Punks, talvez, os mais conhecidos. Mas a verdade é que há um oceano de coisas não fungíveis e que podem ser representadas em Blockchains, via NFTs.

No caso do dinheiro, sempre estaremos falando de tokens fungíveis, ou simplesmente tokens.

1.5 Mecanismos de consenso

Os mecanismos de consenso em Blockchains são fundamentais para garantir a validade e a segurança das transações. É por meio deles que são colocados os incentivos para que as redes de Blockchain sigam funcionando da forma como foram projetadas. Pelo fato de estarmos em um ambiente onde os validadores (nós) estão distribuídos, o alinhamento de interesses tem que ser total, de tal forma que esses validadores tenham os interesses alinhados com os da rede, e isso é feito via mecanismos de consenso.

O método Proof of Work, ou Prova de Trabalho, adotado pelo Bitcoin, é o mais conhecido deles. Esse método envolve mineradores que competem para resolver problemas matemáticos complexos usando seu poder computacional em busca de um prêmio. Esse tipo de consenso, apesar de ser um dos mais seguros, enfrenta críticas devido ao seu alto consumo de energia e preocupações ambientais, além de apresentar limitações em termos de escalabilidade.

Outro tipo também muito utilizado é o de Proof of Stake, ou Prova de Participação. Neste tipo, os validadores são escolhidos com base na quantidade de tokens que possuem e estão dispostos a colocar como garantia. O processo de colocação dos tokens em garantia da rede é conhecido como Staking. Por se basear simplesmente na quantidade de tokens que os agentes colocam em garantia, aqui o problema de consumo de energia não é relevante, mas questões como concentração dos tokens – e por consequência dos validadores – se colocam presentes. A rede Ethereum finalizou, no último trimestre de 2022, a sua migração de modelo de consenso para o modelo de Proof of Stake, e é hoje a principal Blockchain a seguir esse tipo de consenso.

Os dois métodos de consenso mencionados anteriormente são os mais predominantes em Blockchain atualmente, porém não são os únicos existentes. Há também outros mecanismos, como o Proof of Space e o Proof of Authority, cada um com suas próprias características, vantagens e desafios. No entanto, a escolha do mecanismo de consenso adequado depende das necessidades específicas de cada rede Blockchain e de seus objetivos de desempenho, segurança e descentralização. O piloto da rede do Drex, por exemplo, será feito utilizando o mecanismo de Proof of Authority.

1.6 Layers (camadas)

O conceito de layers em Blockchain refere-se às diferentes soluções e abordagens para resolver o problema da escalabilidade. Ao compreendermos as layers, podemos identificar como diferentes soluções se encaixam na estrutura geral da rede e como elas colaboram para melhorar a eficiência e a capacidade de uma Blockchain.

O L1 (Layer 1) refere-se à própria Blockchain e ao seu protocolo de consenso. As atualizações nessa camada geralmente envolvem melhorias diretas na rede. Bitcoin e Ethereum são exemplos notáveis dessa camada: o Bitcoin opera desde 2008 e o Ethereum desde 2015. Ambas são redes estáveis e reconhecidas por sua segurança. Ocasionalmente, podem ocorrer atualizações significativas, como a transição da Ethereum do mecanismo de consenso de Proof of Work para Proof of Stake em 2022. São exemplos de L1 as redes Bitcoin, Ethereum, Solana, Avalanche, Cosmos, Polkadot e Sui.

O L2 (Layer 2) são soluções construídas em cima do L1, que não necessitam de mudanças no protocolo principal, mas oferecem processamento de transações fora da "chain" principal, aliviando o congestionamento. Os principais exemplos aqui vêm da rede Ethereum com Polygon, Arbitrum e Optimism, todas L2 da rede Ethereum e da rede Bitcoin com a Lightning Network.

Para exemplificar, imagine que uma L1 tenha capacidade de registrar dez TPS (transações por segundo), e a L2 tenha uma capacidade de registro de cem TPS, só que no caso da L2, ela junta várias transações, digamos que quinhentas transações, para cada uma que registra na L1. Dessa forma, para cada operação da L2 registrada na L1, temos quinhentas transações registradas na L2. Em termos de TPS, considerando que todas as dez transações na L1 sejam feitas pela L2, teríamos as mesmas dez TPS na rede principal e 5 mil TPS na L2. Um aumento considerável em termos de escalabilidade.

Isso é feito ao custo de um risco maior em termos de rede, pois a L2 "empresta" a credibilidade, constância e segurança da L1, mas, ao mesmo tempo, tem seu próprio mecanismo de juntar as transações e registrá-las em grupos na L1, o que gera mais risco.

Para lidar com esses problemas são utilizados os "rollup", sendo Optmist e ZK Rollups os principais.

O primeiro é amplamente utilizado e se baseia em "jogos de fraude", ou seja, as transações são dadas como corretas por padrão e processadas instantaneamente. No entanto, há um período de disputa durante o qual os observadores podem contestar uma transação se acharem que ela é inváli-da. Se alguém comprovar que uma transação é fraudulenta, o transgressor é penalizado. Isso faz com que as transferências de tokens entre as duas Blockchains tenham que respeitar os períodos de possível disputa. Em alguns casos isso pode chegar a sete dias.

No caso dos ZK Rollups, o que se faz é para agrupar várias transações em uma única prova, submetida à Blockchain principal. Em termos simples, ele permite que muitas operações ocorram fora da Blockchain, mas garante sua validade por meio do mecanismo utilizado de Zero Knowledge (ZK), que explicarei mais adiante.

Os ZK Rollups são, de fato, uma inovação promissora no espaço Blockchain, embora ainda estejam em seus estágios iniciais de adoção. Com apenas alguns anos de existência, poucas soluções de L2 estão explorando seu potencial. A Polygon é uma das pioneiras nesse movimento, buscando aproveitar os benefícios que os ZK Rollups podem oferecer em termos de escalabilidade e eficiência.

1.7 Oracles

Os Oracles de Preço em Blockchain são empresas e/ou protocolos que fornecem e verificam dados externos para contratos inteligentes em uma rede Blockchain. Eles podem atuar como pontes entre o mundo "off-chain" (fora da Blockchain) e "on-chain" (dentro da Blockchain), permitindo que contratos inteligentes acessem informações do mundo real.

De uma maneira simplista de ver, são os fornecedores de preços para o mundo de Blockchain. Esses preços podem estar ligados tanto a ativos on-chain, como ativos off-chain[3]. Um exemplo é a uma aplicação que dependa da temperatura de determinado local, e que pode ser provida por um Oracle. Outro exemplo tem a ver com qual o preço real de determinado

---

[3] Entenda-se aqui on-chain como operações registradas em uma Blockchain ou DLT e off-chain como operações que não estejam registradas em Blockchains ou DLT.

ativo (ETH, por exemplo) negociado em inúmeras plataformas, às vezes com transações on-chain (via DEX), às vezes não (via CEX).

As principais funções dos Oracles passam pela verificação da autenticidade dos dados, seu fornecimento com segurança em intervalos requeridos pelo usuário – ou pelo ativo –, atualização automática e "trigger" para a execução de Smart Contracts.

Quando falamos de tokenização, os Oracles são peça primordial, pois têm o papel de fornecer dados confiáveis e atualizados que são essenciais para a execução automática e precisa de contratos inteligentes.

1.8 Web3

E chegamos à Web3, que será o próximo passo de desenvolvimento da internet, que terá, entre outros aspectos, a função de dinheiro implícita a ela. Tudo isso via tokens e redes de Blockchain.

Enquanto a Web1.0 foi sobre leitura e a Web2.0 focou na leitura e escrita com a adição de interatividade e participação dos usuários, a Web3 é sobre valor e troca descentralizada, permitindo interações "peer-to-peer", sem intermediários.

Na Web3 os usuários têm controle total sobre suas próprias informações, identidades e transações. Isso contrasta com a Web2.0, onde grandes empresas de tecnologia detêm e controlam grande parte dos dados e informações do usuário.

Um exemplo fácil se refere a você fazer login em uma estrutura da Web2.0, normalmente feito via Google, e-mail, número do telefone, ou algo semelhante. Em uma estrutura de Web3, esse login é feito via sua chave pública de uma rede de Blockchain.

Outro fato é que na Web3 o dinheiro já está incorporado na rede. Faz parte da infraestrutura e não necessitamos de algo exterior a ela. Por exemplo, para pagar este ou outro livro que comprou, sempre houve a necessidade de um intermediário para fazê-lo: um Gateway de pagamento, um cartão de crédito, uma conta em banco de onde fez o PIX, e por aí vai. Na Web3, você utiliza um token registrado na Blockchain e que é transferido de você para o vendedor do livro sem a necessidade de nenhum intermediário.

O pagamento é direto e de ponto a ponto (assim como é o caso da transferência de bitcoins na rede Bitcoin). E com uma vantagem em relação ao que vemos na Web2.0: é possível determinar, via Smart Contracts, que a transação de transferência dos seus tokens só aconteça se a transação de transferência dos tokens referentes ao livro que você comprou seja também realizada. Os dois ao mesmo tempo ou nenhum dos dois. Isso já é realidade na rede Ethereum atualmente. O que não tem lá (ainda) são tokens de tudo (ativos financeiros, imóveis etc.) para que se possa fazer transações, e um ambiente regulado.

Essa funcionalidade de termos o meio de pagamento já incorporado à plataforma, no caso de Web3, só é possível por conta da possibilidade de termos custódia própria dos tokens representados por essa rede. A pessoa de posse do par chave pública (como se fosse o nosso número de conta-corrente na rede) e chave privada (como se fosse a senha para movimentação na rede) é o detentor de todos os tokens que estão registrados em uma rede de Blockchain.

No contexto de Blockchains, a chave privada é uma peça fundamental que garante que apenas o proprietário da carteira possa acessar e realizar transações com seus fundos. Por outro lado, a chave pública é usada para gerar um endereço de carteira, permitindo que outros usuários enviem tokens para essa carteira.

É crucial entender que, enquanto compartilhar sua chave pública é seguro, sua chave privada deve ser mantida em sigilo absoluto. Se alguém tiver acesso à sua chave privada, terá total controle sobre seus fundos na respectiva Blockchain. Outro aspecto importante é que não há central de atendimento para ligarmos para resgatar a chave privada. Se perdê-la, o acesso aos tokens que estão na sua chave pública ficam lá, mas não conseguirão nunca mais ser movimentados.

Grandes poderes trazem grandes responsabilidades. Se, por um lado, essas funcionalidades de Blockchain, que abrem caminho para esse mundo Web3, trazem a possibilidade de termos tudo sob o nosso controle direto, sem intermediários, por outro, trazem também uma enorme responsabilidade.

1.9 Tokenização

Tokenização é o processo de converter direitos sobre um ativo em um token digital de uma Blockchain. Pode ser usado para representar ativos tradicionais como imóveis, ações, obras de arte, ou até mesmo ativos intangíveis, como propriedade intelectual.

Isso tudo é possível devido à criação dos Smart Contracts e os posteriores padrões de tokens originalmente definidos na rede da Ethereum.

Dentre as várias vantagens da tokenização, duas merecem destaque:

1. **Divisibilidade e acessibilidade**: À medida que tokenizamos nosso apartamento, por exemplo, este pode ter um token representando cada m² dele, ou aquele investimento que necessite de um valor enorme inicial sendo dividido em milhares de tokens que podem ser comprados por várias pessoas. Não é à toa que a Comissão de Valores Mobiliários (CVM), em uma decisão de 2023, colocou o uso de regulamentação e crowdfunding como um dos guias para a emissão de tokens no Brasil.

2. **Ganhos operacionais**: A tokenização traz ganhos operacionais enormes perante os sistemas utilizados atualmente. Seja na facilidade de liquidação e transferência, seja na segurança, transparência e imutabilidade dos dados que ajudam em futuras auditorias. Pense nos casos de transferência de veículos ou imóveis hoje. Ou até na compra de um título público no Tesouro Direto. O operacional disso poderia ser muito facilitado caso esses ativos tivessem tokens que os representassem em uma rede de Blockchain. E aqui nem mencionei

a questão de poderem estar disponíveis para transferência 24/7 (24 horas por dia, 7 dias da semana) nessas redes.

Mas a tokenização traz consigo também vários desafios, tais como:

1. **Segurança jurídica**: O desafio de como garantir juridicamente que aquele determinado token é relativo àquele determinado ativo. Talvez mais fácil para ativos que já estejam no mundo digital; mesmo assim as regulamentações no Brasil e no mundo ainda tentam encontrar uma saída para todos. A questão que permeia as discussões tem muito a ver com classificá-los ou não como valor mobiliários e a aplicação de regras de concepção e distribuição de valores mobiliários.

2. **Qual rede usar**: Hoje existem várias redes de Blockchain públicas não permissionárias (por exemplo, Ethereum, Avalanche, Polkadot) e outra imensidão de redes e soluções em código aberto para colocar de pé redes de Blockchain públicas permissionárias (R3 da Corda, rede Ripple e Stellar, Hyperledger Besu etc.). Apesar da Ethereum estar alguns passos à frente das redes públicas não permissionárias, ou DLTs, mesmo nela a discussão sobre qual L2 usar é importante. No final das contas, o que está por trás dessa discussão também tem a ver com a possibilidade de interoperabilidade dessas redes.

3. **Segurança e custódia**: Como qualquer tecnologia baseada em Blockchain, a tokenização não está isenta de riscos de segurança. Garantir que os tokens estejam seguros contra hacks e fraudes é fundamental. Centralizar a custódia dos tokens ou deixá-los com os usuários? A resposta para isso envolve não só a estrutura da rede, mas também o padrão de comportamento dos usuários, além da necessidade de educação para que todos entendam as responsabilidades e os riscos da solução.

4. **Precificação**: Determinar o valor de um ativo tokenizado pode ser desafiador, especialmente quando não há um mercado estabelecido ou quando o ativo subjacente é altamente volátil. Oracles de preço são o caminho a seguir nesse sentido, mas têm muito a desenvolver ainda para endereçar completamente os dois cenários anteriormente citados.

5. **Educação e UX (User Experience)**: Aqui não sei o que vem primeiro, mas este livro vem para ajudar o primeiro. Há uma necessidade significativa de educar os investidores e o público sobre o que são tokens, como funcionam e os benefícios e riscos associados a eles, ao mesmo tempo que o UX em Web3 ainda tem muito a melhorar. Talvez só o UX já resolva? Não sei. O que sempre digo é que quase ninguém sabe ao certo como os mecanismos de TCP/IP – que são a base da internet – funcionam, mas todos o usam. UX resolveu essa questão de usabilidade no caso da internet, será que resolverá no caso de Blockchain também?

Embora pareça que dei mais ênfase aos desafios do que às oportunidades neste segmento, é importante destacar que, ao abordarmos a transformação da moeda, exploraremos mais profundamente essas oportunidades.

Em qualquer processo de tokenização, o dinheiro, ou o token que o representa, é o primeiro ativo a ser considerado, dada sua função essencial como meio de troca para outros ativos.

Imagine um cenário onde automóveis e imóveis estejam tokenizados, mas não o dinheiro. Como procederíamos para vender ou trocar esses itens? Retornaríamos ao sistema de escambo? A resposta é ambígua: não e sim. No mundo em constante evolução, o cenário provável é que não retornemos ao escambo. No entanto, conforme avançamos neste livro, você perceberá que a ideia de usar certos tokens, que não estão diretamente vinculados à moeda, como meio de troca, não é algo que possa ser completamente descartado.

2. TOKENIZAÇÃO

Antes de entrarmos nos aspectos de desenvolvimento da moeda em si, acho importante iniciarmos com a minha questão principal deste livro, a tokenização da moeda:

O que isso tem a ver com digitalização e por que isso é importante e eu tenho tanta confiança de que é o caminho a seguir?

O futuro da moeda, como eu o concebo, só é possível por conta de uma infraestrutura para liquidação, transferência e custódia de ativos que teve o Bitcoin como seu primeiro caso de uso, e que deu origem ao que conhecemos hoje como Blockchain e DLT.

A criação do Bitcoin, em 2008, resolveu o problema do gasto duplo em transações de pessoa a pessoa, sem intermediários, no campo digital, e foi, sem dúvida alguma, o primeiro e enorme passo na direção do que estamos discutindo atualmente e discutiremos ainda mais nos anos seguintes.

A forma como se resolveu essa questão do gasto duplo foi de uma genialidade digna das grandes inovações. Juntaram-se blocos com dados (transações) registrados em ordem cronológica que utilizam criptografia para garantir sua imutabilidade e que têm a segurança da rede dada por um mecanismo de consenso de Proof of Work em uma rede pública distribuída. Somente após essa solução, foi possível que pessoas de partes diferentes do mundo fizessem transações entre elas sem a presença de um intermediário e abrissem espaço para quase tudo do qual este livro trata.

Já em 2015 tivemos o advento dos Smart Contracts em outra rede de Blockchain, a Ethereum. Os Smart Contracts possibilitaram os inúmeros casos de uso de tokenização que discutiremos adiante. Apesar de uma atualização recente da rede Bitcoin (2023) permitir que outros tokens, além do token bitcoin, possam ser registrados em sua rede, isso é nativo da rede Ethereum desde os primórdios (2015) e foi um dos grandes impulsionadores da popularização e dos casos de uso na plataforma.

Muito do que estamos prestes a discutir sobre as vantagens, casos de uso, necessidade de privacidade e como manter isso com a componibilidade (cujo conceito e aplicação discutiremos logo à frente) necessária nas redes de Blockchain públicas como o Drex, ou quais inovações estão acontecendo em DeFi, são temas mais específicos, mas, com sempre digo, não podemos ficar só olhando as árvores e perder a noção da floresta. E é olhando a floresta que começaremos.

A digitalização da moeda é um fenômeno inevitável. Utilizamos carteiras digitais para pagamentos há muito tempo. O dinheiro físico fica cada vez mais restrito a pequenos comércios que ainda não se digitalizaram, como alguns cafés, ou a transações de valor pequeno. E, mesmo nesses casos, o PIX tem ganhado espaço; em muitas situações, já existem alternativas de pagamento caso você não tenha dinheiro físico.

Essa digitalização pode ser feita nas arquiteturas atuais, tendo por base os cartões de crédito e débito, como é muito comum no ocidente, ou via plataformas como WeChat e Alipay, no caso da China, por exemplo. Mas também pode ser feita via uma nova arquitetura/plataforma de sistema financeiro que utilize de alguma forma Blockchain ou DLT. No caso dessa segunda, temos algumas vantagens como o sistema de envio de mensagens e dinheiro (tokens, especificamente) tendo maior auditoria das transações, possibilidade de operações "peer-to-peer" (entre pessoas de forma direta) de maneira mais fácil, programabilidade e composição com várias situações de uso que envolvam pagamentos, serviços e custódia, entre outros.

O surgimento dessa nova infraestrutura de sistema financeiro, com seus primórdios nas plataformas de cripto intituladas DeFi (Decentralized

Finance) tem um potencial enorme de deixar os sistemas financeiros nacional e mundial muito mais eficientes e integrados. Hoje, por mais que tenhamos certa conexão entre os sistemas financeiros nacionais com outros países, esta está longe de ser otimizada. Mesmo na zona do Euro, onde todos os países têm a mesma moeda, cada um tem o seu sistema de pagamentos instantâneo e eles não se conectam. Um DLT mundial pode forçar esse padrão, à medida que todos comecem a usar o grande padrão que a estrutura cripto criou, conhecido como EVM (Ethereum Virtual Machine).

E é aqui que o Drex mira com seu piloto.

Não há arquitetura melhor no mundo para se obter isso que a baseada em Blockchains ou DLTs. Redes de Blockchain são infinitamente mais eficientes do ponto de vista de auditoria, transações "peer-to-peer", possibilidade de realizar trocas atômicas (DVP), entre outras coisas. Mas nem tudo é perfeito. Elas ainda pecam, ou têm escolhas a serem feitas, quando os pontos são **privacidade** e **escalabilidade**. Vejo esses dois últimos pontos como escolhas e não impossibilidades.

Quem já opera em cripto há muitos anos consegue ver isso com clareza. Apesar de termos um UX (User Experience, ou Experiência do Usuário) em cripto ainda ruim, a eficiência com que se consegue transferir valores, custodiá-los e controlá-los é muito maior do que os sistemas do mercado financeiro tradicional. Para ser justo, o PIX chega bem perto e tem uma UX muito melhor, mas serve somente para transferências de valores em reais e no Brasil, não englobando compra de ativos, investimentos, empréstimos etc.

O caminho a seguir para a moeda passa claramente por sua tokenização em plataformas que tenham capacidade para isso, tais como a rede Ethereum ou redes permissionárias como a que o BCB (Banco Central do Brasil) almeja construir com o Drex.

2.1 Tokenização não é digitalização

Tokenização e digitalização são dois conceitos que, embora possam parecer semelhantes à primeira vista, têm diferenças fundamentais quando nos aprofundamos em seus detalhes e aplicações.

A digitalização refere-se ao processo de converter informações analógicas em formato digital.

Por exemplo, quando você tira uma foto de um documento em papel e a salva em seu computador, você está digitalizando esse documento. Essencialmente, a digitalização torna as informações mais acessíveis e fáceis de serem compartilhadas, armazenadas ou processadas em plataformas digitais.

A tokenização é o processo de converter direitos de um ativo em um token digital que pode ser movido, registrado ou armazenado em um sistema de Blockchain.

Esses tokens podem representar uma variedade de ativos tangíveis e intangíveis, que veremos no decorrer deste livro. A tokenização possibilita criar uma representação digital segura de ativos reais, proporcionando liquidez, transparência e a possibilidade de fracionamento desses ativos.

Quando compramos um CDB de um banco, um título público no Tesouro Direto, ou até mesmo ações ou derivativos na B3, já estamos acostumados a receber uma simples confirmação por e-mail, ou pelo celular, dessa compra. Não há mais nada palpável. Não recebemos a ação em si, ou o CDB. Recebemos **confirmações** que nos garantem – dadas as instituições que estão por trás e todos os reguladores que as fiscalizam – que aquele valor investido é nosso e que, consequentemente, temos direito a tudo que for originado dele.

Dada essa desmaterialização, "obra da nossa capacidade de fazer ficção", como bem colocou Yuval Harari no livro *Sapiens*, a tarefa da Blockchain fica muito mais fácil. Esta plataforma tecnológica, inventada com o advento do Bitcoin, possibilitou que valores de transações pudessem ser feitos (e registrados) entre desconhecidos de maneira segura, imutável e distribuída.

As características de transferência de titularidade, imutabilidade e segurança abrem um caminho imenso para que todos os valores mobiliários que conhecemos hoje, e que já estão desmaterializados, possam dar um novo passo em consonância com os reguladores. O passo é exatamente o de uma maior "desintermediação do mercado financeiro global", e que se seguirá de uma maior globalização dos investidores e produtos financeiros.

Pensem que, para um brasileiro comprar uma ação de uma empresa de tecnologia americana hoje, temos, basicamente, duas alternativas. A primeira é comprar dólares, mandar para uma conta de uma corretora nos Estados Unidos, onde, via sistema dessa corretora, compraremos as ações na bolsa. A segunda é comprar diretamente no Brasil o BDR dessa ação. Essa segunda opção tiraria a necessidade de fecharmos câmbio para dólares, mas não a de abrirmos cadastro na corretora brasileira para, por meio dela, ter acesso à B3. Para dificultar um pouco mais, pense que essa empresa na qual você quer investir é uma empresa australiana, japonesa ou chinesa. Dificilmente haverá opção, a não ser a de fechar câmbio e encontrar uma corretora daquela localidade para executar sua ordem na bolsa local.

Bem, caso essa empresa na qual você quer investir, não interessa de que local, tivesse um token registrado na rede do Ethereum, você poderia comprá-lo com muito mais facilidade por um dos seguintes canais:

- comprando uma criptomoeda e depois liquidando a compra do token dessa ação com essa criptomoeda;
- através de uma Exchange (CEX) negociando esse token específico e, portanto, você se cadastraria nela e teria acesso a ele;
- tendo um amigo que possuísse esse token e que pudesse lhe vender, mediante simples transferência de reais para ele.

Do ponto de vista do regulador, é essencial que ele saiba a identidade do investidor atual desse token visando prevenir atividades ilícitas e lavagem de dinheiro. No entanto, essa identificação poderia ser eficientemente realizada pela Exchange local, desde que esta esteja em conformidade com as normas do regulador e forneça as informações sobre o novo detentor do token. No caso da compra "do seu amigo" isso seria mais complicado, mas algum sinal poderia ser dado na transferência entre vocês dois, de tal forma que o regulador de lá bloqueasse temporariamente o token, até que o novo detentor se pronunciasse e fosse aprovado.

Um dos grandes desafios nessa "tokenização" dos valores mobiliários é a transição entre o mundo regulamentado das moedas Fiat (ou seja, moedas fiduciárias emitidas pelos países) e o das moedas ou tokens em Blockchains públicas, não permissionárias. No momento que o investidor já estiver nesse mundo, ou que os países começarem a usar a tecnologia para emitirem suas próprias moedas utilizando essa plataforma, toda a liquidação e transferência ficará muito mais fácil.

Outro ponto se refere à custódia desses ativos e à garantia de que cada token realmente equivale ao que lhe é atribuído, mas isso se resolve da mesma forma que quando compramos o CDB do banco e ele nos assegura que temos aquele ativo, ou que, quando compramos o título do Tesouro Direto, podemos confirmar no seu site que o título está em nosso nome, ou seja, resolve-se via regras já combinadas entre instituições e clientes.

Quando aplicamos isso tudo ao dinheiro, tema principal deste livro, ele já está na sua maioria digitalizado, mas não **tokenizado**. Tirando o dinheiro em papel, que não é digital, todas as outras formas de dinheiro com as quais interagimos já está digitalizada. PIX, TED, cartões de débito e crédito são dinheiro digital.

Agora, quando falamos em **tokenização do dinheiro**, precisamos compreender o papel das Stablecoins e CBDCs (Central Banks Digital Currencies), o que faremos com profundidade em um capítulo subsequente.

2.2 Custódia

Após mergulharmos nas profundezas da tokenização e compreendermos sua revolucionária capacidade de transformar ativos em representações digitais, é hora de abordar um aspecto igualmente crucial neste universo: a custódia. Assim como não basta apenas possuir um "tesouro", mas também é essencial saber onde e como guardá-lo com segurança, no mundo da tokenização, ter a posse de um token é apenas metade da equação. Agora, vamos explorar o papel fundamental da custódia, garantindo que nossos ativos digitais não apenas existam, mas também sejam mantidos, gerenciados e transferidos de forma segura e eficiente.

A custódia própria é frequentemente destacada como um dos pilares da Web3 e se diferencia significativamente da maneira como negociamos ativos na Web2.0. No entanto, como sabiamente mencionado pelo tio do Homem-Aranha: "com grandes poderes vêm grandes responsabilidades".

Acho inocente acreditar que já temos tecnologia e facilidade suficientes para todos fazermos a custódia de todos os nossos ativos. Já tentou explicar para uma pessoa de mais de sessenta anos que ela agora deveria ter uma "hard wallet" atrelada a sua "metamask", usar "Uniswap" para comprar e vender seus ativos, e pior, guardar as palavrinhas da "seed phrase" em um lugar superprotegido, mas, ao mesmo tempo, acessível a algumas pessoas, caso aconteça algo com ele para os seus sucessores terem acesso a isso? Quantos se proporiam a compreender ou implementar, sem muitas dúvidas, todo o processo?

De qualquer forma, o fato de podermos fazer a própria custódia, sem a necessidade de um intermediário no campo digital, é por si só algo inovador e traz consigo um empoderamento enorme. Muito provavelmente, com o desenvolvimento da tecnologia e a facilidade de acesso, conviveremos com um sistema híbrido de custódia, mas acredito que a maioria dos ativos do mundo ainda terão sua custódia baseada em um terceiro de confiança.

No que tange à tokenização de ativos de modo geral, muitos modelos requerem um terceiro de confiança, como veremos no caso das Stablecoins e, em menor escala – mas ainda presente –, no caso das CBDCs. Muito disso tem a ver com o processo de digitalização, mais do que de tokenização em si. Como garantir que aquele dado relativo a determinado ativo físico, como um imóvel, é único e se refere àquele imóvel específico?

Esse processo de interação entre o mundo físico e o digital necessita, e acredito que sempre necessitará, de um terceiro para garantir o link entre o físico e o digital. Ativos que já nascem digital tendem a não precisar disso, mesmo assim, em alguns casos, é interessante tê-los, tal qual veremos no caso das Stablecoins lastreadas.

Custódia é um tema que ganhará destaque nas discussões futuras. Do ponto de vista do usuário, a capacidade de ter custódia tem implicações significativas, especialmente em relação à regulação e aos controles tributários estabelecidos pelos Estados. Além disso, do ponto de vista da crescente digitalização, que é inevitável, essa evolução desempenhará um papel crucial no processo de tokenização.

Quando olhamos pelo ponto de vista da moeda, visto que ela está a passos firmes rumo à digitalização, a questão de sua custódia já está endereçada no mercado financeiro tradicional, e sua tokenização é facilitada por isso.

Quero dizer aqui que a digitalização da moeda já tem um modelo consolidado e que não mudará? Longe disso! Várias são as formas jurídicas que a moeda digital pode ter e isso pode estar ligado, em alguns casos, à custódia própria, ou não.

Minha forma de ver essa questão no futuro é que, muito provavelmente, não teremos recursos, conhecimento, usabilidade, tecnologia ou respaldo jurídico para que a imensa maioria da população possa ter custódia de todos os seus ativos no campo digital. Mas me parece um cenário bastante razoável e factível que uma parte dos nossos ativos serão custodiados por nós mesmos.

2.3 Interoperabilidade

Interoperabilidade é um dos temas mais importantes quando falamos de plataformas de Blockchain. Temos atualmente uma imensidão de plataformas de Blockchain não permissionárias com as redes do Bitcoin, Ethereum, Ripple, Cardano, Solana e inúmeras outras, e aqui nem contei as L2, que só na rede Ethereum já são bem mais do que dez quando escrevo, e acredito que devam aumentar mais.

Além dessas redes, temos também as redes permissionárias como as desenvolvidas no âmbito da Hyperledger, R3, Stellar, entre outras, ou seja, uma infinidade de redes. E será primordial que elas consigam se comunicar e que os tokens consigam trafegar por elas com o mínimo de atrito possível.

O CCIP da Chainlink é um dos projetos que visam facilitar isso e a interoperabilidade entre essas redes é uma preocupação constante dos relatórios do BIS (Banco de Compensações Internacionais, ou popularmente conhecido como o Banco Central dos Bancos Centrais), no que tange aos CBDCs.

A bala de prata disso tudo, ou não existe, ou não foi descoberta ainda.

Em geral, os modelos utilizam "bridges" (pontes) entre as redes, onde um token é bloqueado em uma rede e sua representação é emitida em outra.

Considerando que as bridges foram os principais pontos de vulnerabilidade nas Blockchains não permissionárias em 2022, ainda temos um longo caminho a percorrer nessa área. A busca pela interoperabilidade é fundamental para termos sistemas de fácil utilização e, consequentemente, permitir sua popularização.

Isso vale para as Blockchains não permissionárias e para as permissionárias, e nas comunicações **intra** e **entre** elas.

Por que tenho que transferir os Ethers da rede da Ethereum para Arbitrum para pagar taxa de transação? Ou pior, por que necessito ter MATIC (token nativo da rede Polygon) na rede da Polygon para pagar transação por lá?

No futuro, o ideal é que nem saibamos onde estamos operando, que rede estamos usando, ou quem recebeu as taxas pelas transações. Não que isso não possa ser aferido ou acompanhado, mas apenas se quisermos, não compulsoriamente.

Fazendo o paralelo com o mercado financeiro tradicional, você nunca parou para pensar que quando fecha um câmbio de sua conta em reais, no Brasil, para sua conta em euros, na Europa, está mudando do STR – sistema de pagamentos brasileiro – para o Target2, sistema de pagamentos europeu? Por que, quando se trata de tokens, temos que saber se estamos utilizando as redes da Arbiturm, Polygon, Ethereum ou Bitcoin?

Não quero me prolongar muito neste tópico, pois muitas questões ainda não estão completamente resolvidas e várias soluções parecem promissoras, com muitos testes em andamento. O que quero destacar é a urgência de alcançarmos essa interoperabilidade. Isso permitirá que os sistemas não permissionários e aqueles que lidam com moedas fiduciárias operem com máxima eficiência, trazendo para nós, usuários, todos os benefícios que a Blockchain e a DLT prometem.

2.4 Privacidade

A privacidade em redes públicas permissionárias, como o Bitcoin e Ethereum, é obtida pelo anonimato, ou seja, as chaves públicas são criadas sem nenhum link com uma pessoa. Podemos criar tantos pares de chaves público/privadas quanto quisermos.

Quando fui apresentado a essas redes pela primeira vez, acreditava-se que o fato citado acima era condição suficiente para se ter o anonimato garantido. No entanto, nos últimos anos, o entendimento geral é que o que realmente temos nessas redes é um pseudoanonimato. Considerando que todas as operações realizadas pelas chaves públicas são públicas e registradas permanentemente, uma vez que um elo da cadeia de transações de uma chave pública específica é identificado, torna-se relativamente simples buscar o proprietário de uma carteira envolvida na transação. Detalhes como o IP de acesso à carteira e comparações de movimentações com outras carteiras são algumas das ferramentas usadas para identificar o usuário de uma chave pública. Em outras palavras, é possível descobrir quem possui a chave privada.

Algumas iniciativas, tais quais a da Monero e Dash, tentam, via algoritmos e modelos que quebram o link entre as operações, tornar as transações mais privadas e, até onde conheço, têm sido capazes de manter a privacidade dos usuários, o que, por outro lado, as torna alvo de um maior escrutínio dos reguladores no mundo.

Ao nos voltarmos para as Blockchains permissionárias, como aquelas que as CBDCs utilizarão, a discussão sobre privacidade se amplia consideravelmente. Em muitos momentos, essa discussão se transforma em uma questão de confiança ou desconfiança no Estado e seu controle sobre os cidadãos. Abordarei essa temática com mais profundidade quando discutir as CBDCs. Por enquanto, é importante entender que a tecnologia, por si só, consegue gerenciar a privacidade nos moldes atuais.

É crucial reconhecer que a privacidade é um conceito relativo, variando significativamente entre diferentes culturas, como as ocidentais e orientais. No entanto, esse é um assunto que já está sendo abordado tanto nas redes de Blockchain permissionárias quanto nas não permissionárias. O objetivo é garantir que a tokenização de ativos seja viável em ambos os tipos de rede.

Vale lembrar, ainda, que a privacidade também é um conceito que deve ser agnóstico em relação à rede, o que significa que a interoperabilidade entre as redes tem sempre que considerar esse aspecto.

2.5 Escalabilidade

O desafio da escalabilidade em redes de Blockchain permissionárias, que era bastante evidente em 2020 e 2021 – época em que os custos para registrar uma operação na rede Ethereum dispararam –, parece estar encontrando soluções nos últimos anos.

Vários modelos, estudos e testes foram feitos para resolver isso, desde a criação de redes com arquiteturas diferenciadas e mais escaláveis, como os modelos da Polkadot e da brasileira Hathor, ou modelos que envolvam camada (layers).

A opção da rede Ethereum foi, claramente, a de construção de camadas. No momento em que escrevo, já temos as operações registradas nas segundas camadas (L2) da Ethereum suplantando a quantidade de transações registradas em sua "mainnet" (rede principal). Esse movimento resolve a questão de escalabilidade, já que para cada N transações na L2, se registra uma operação na mainnet, mas traz implicações importantes do ponto de vista de interoperabilidade. Uma vantagem de se usar esse modelo é que a L2 já nasce com o respaldo e segurança da mainnet, visto que em última instância a imutabilidade, transparência e segurança da mainnet é passada para a L2.

Outras redes, como a Solana, por exemplo, têm um foco muito grande na questão de escalabilidade, mas enfrentam muitos percalços nos últimos anos inclusive com críticas por obter altas taxas de transações por segundo (TPS) à custa de abrir mão de ser descentralizada.

A questão da escalabilidade via layers me parece hoje ser o caminho a seguir pelas redes não permissionárias. Quando falamos de redes permissionárias, o desafio é menor, já que o pilar de distribuição da rede tende a não estar presente, o que resolve por si o "Trilema de Blockchain" (escalabilidade, descentralização e segurança), que diz que "não é possível maximizar os três ao mesmo tempo".

Com isso, finalizamos este capítulo que trata de tokenização e suas discussões, passamos agora a ver como nosso dinheiro tem se transformado nos últimos anos.

3. O QUE É MOEDA E NO QUE ELA ESTÁ SE TRANSFORMANDO?

3.1 O que é moeda

A moeda já tomou inúmeras formas no decorrer da sua história até chegar ao que conhecemos hoje, ou melhor, até chegar à moeda que *achamos* que conhecemos, já que ela também está se transformando com uma velocidade nunca vista. A moeda, hoje, deve ter três propriedades: ser reserva de valor, meio de pagamento e unidade de conta. Em outras palavras, tem que ser aceita para pagarmos itens que desejamos, ser divisível para podermos fazer contas com ela e poder ser guardada sem perder valor. Cumprindo essas características na história, já tivemos itens bem curiosos que vão desde anotações em pedras gigantes, metais, e as moedas fiduciárias de papel que utilizamos atualmente (real, dólar, euro etc.).

Podemos considerar o dinheiro em papel uma das grandes inovações dos últimos séculos no quesito moeda, já que ele permitiu que pagamentos passassem a ser feitos de forma muito mais fácil do que antes, o que acontecia por meio de entregas físicas de ouro, por exemplo. Um papel representando determinada quantidade de ouro que ficava sob custódia de um estabelecimento comercial, ou como veio futuramente a ser chamado, banco, facilitava muito, mas muito as transações comerciais.

3. O QUE É MOEDA E NO QUE ELA ESTÁ SE TRANSFORMANDO? 47

Diversos outros aspectos, como a segurança dessa custódia e prevenção a fraudes, sempre foram preocupações. Estas questões, eventualmente, levaram os governos a regulamentar e, em alguns casos, a assumir eles mesmos a responsabilidade pela custódia, lastreando suas cédulas com relação ao ouro que possuíam em reserva.

Um marco importante nessa história foi a Conferência Monetária e Financeira das Nações Unidas realizada em Bretton Woods, no estado de New Hampshire, Estados Unidos, que ocorreu em 1944; nela, representantes de 44 países, incluindo o Brasil, se reuniram com a missão de estabelecer uma nova ordem econômica mundial. Isso foi no contexto do fim iminente da Segunda Guerra Mundial, e havia um desejo generalizado de garantir estabilidade econômica global e evitar as terríveis crises financeiras que caracterizaram a década de 1930.

A solução encontrada foi vincular as moedas de muitos países ao dólar americano. E, por sua vez, o dólar estava firmemente vinculado ao ouro, com uma taxa fixa de $35 por onça de ouro (onça troy). Assim nasceu o acordo de Bretton Woods. Além disso, foram criadas duas instituições para ajudar a manter a estabilidade global: o Fundo Monetário Internacional (FMI), para auxiliar os países com problemas de balança de pagamentos; e o Banco Mundial, para financiar projetos de desenvolvimento.

No entanto, à medida que os anos 1960 avançavam, começaram a surgir desafios. Havia uma crescente quantidade de dólares em circulação globalmente em comparação com o ouro que os Estados Unidos mantinham como reserva. Isso levantou dúvidas sobre se os Estados Unidos tinham ouro suficiente para respaldar todos os dólares em circulação.

A tensão aumentou e resultou que, em 1971, o presidente Richard Nixon declarasse que o dólar americano não seria mais conversível em ouro, desfazendo efetivamente o vínculo entre o dólar e o ouro, marcando o fim do acordo de Bretton Woods.

Nesse momento nasceu a moeda fiduciária, sem lastro, garantida pela fé de que aquele emissor não imprimirá moeda o quanto quiser para usar o dinheiro. As divisões entre o gestor da moeda e as finanças dos Estados, que já existiam, se tornaram ainda mais importantes e resultou em sua consequente divisão entre o que chamamos em economia de políticas fiscais e monetárias.

A partir desse momento fica visível que a moeda se ancora na credibilidade do governo e nada mais, ou, em outras palavras, é uma convenção social. Depende do que os habitantes de determinado lugar queiram usar como meio de pagamento, reserva de valor e unidade de conta.

Nesse sentido, um dos primeiros artigos que escrevi para a InfoMoney, no início de 2018, trouxe uma análise sobre o que o governo poderia fazer se, em algum país, a sociedade resolvesse adotar uma criptomoeda, como o Bitcoin, em vez da moeda oficial imposta pelo Estado.

A primeira consequência disso seria uma corrida para se obter Bitcoins, o que faria certamente com que o seu preço se valorizasse em relação à moeda original desse país. Isso acarretaria uma deflação imensa em todos os ativos que antes tinham seus preços atrelados à moeda corrente.

Por exemplo, se um carro que custasse $25.000,00 (onde $ representa a moeda do país) e isso equivalesse a 1,0 Bitcoin, com a demanda maior por Bitcoins, sua relação de troca perante essa moeda poderia subir para, por exemplo, 1 Bitcoin igual a $50.000,00, desta forma, o mesmo veículo passaria a custar 0,50 Bitcoins.

Esse processo aconteceria até que a maioria da população desse país tivesse os Bitcoins necessários para poder transacionar, e a alta mencionada de preços (moeda do país por Bitcoins) seria tão maior quanto mais acelerado fosse o processo de adoção.

Um processo claro de substituição de moeda, típico de países onde sua moeda sofre uma crise de confiança, é o caso recente da crise na Argentina, onde moedas como o dólar, stablecoins de dólar e até o Bitcoin, passaram a ter uma demanda enorme por parte da população. Se a moeda emitida pelo governo não é mais a que os ajuda, deve-se buscar alternativas.

Os impactos dessa substituição de moeda passam por uma perda de capacidade de o Estado se financiar, terceirização de política monetária, entre outros. Muitos desses fatores se assemelham à dolarização da economia que alguns Estados ainda hoje recorrem, mas uma diferença aqui é importante. No caso da dolarização da economia, os sistemas de pagamento interno continuam sendo os mesmos. Geridos pelo Banco Central do país, ou por entidades privadas, o controle permanece interno. O que muda é o "óleo que flui nesses canos", transformando a moeda local para o dólar. No caso da adoção do Bitcoin, isso não é bem assim, já que isso traz consigo o sistema – a infraestrutura para as transações. Ele seria a "moeda" e o sistema do pagamento utilizado por todos. Essa divisão, entre moeda e sistema, é tema que discutiremos mais à frente, para analisarmos suas enormes implicações.

Um aspecto relevante é que o Bitcoin existe exclusivamente no ambiente virtual, o que implica que todas as transações sejam realizadas eletronicamente. Não há meio para efetuar pagamentos de forma física. Pelo menos não inicialmente. No entanto, se surgisse essa necessidade, existem diversas maneiras de transitar entre o digital e o físico.

Esse exercício que fiz acima – de uma população decidir de maneira unilateral mudar sua moeda e o sistema de pagamentos que utilizará no campo digital, onde estamos atualmente – era inexistente até a criação da Blockchain e das criptomoedas. Isso deixava os Estados em uma posição confortável com a sua moeda de curso forçado. Mas agora é uma realidade já em andamento. A preocupação dos Estados em relação a esse cenário é enorme e crescente, como deve ser. O presente coloca dúvidas significativas sobre o rumo desses tokens e de suas redes. Mas uma coisa é certa, elas aumentaram muito a liberdade dos indivíduos e vieram para ficar.

Dado que a moeda como a concebemos hoje tem lastro em fé, é fácil fazer a associação de que ela nada mais é do que uma convenção social. Cada sociedade decide aquela moeda que quer usar e a concepção de redes de pagamento que utilizam Blockchain, como o Bitcoin, ou a enormidade de Stablecoins na rede Ethereum, abrem mais um grau de liberdade para nós.

Um aspecto crucial dessa possibilidade é que ela não se limita apenas a um meio de pagamento, mas também engloba toda a infraestrutura associada. Essa combinação entre a moeda e seu sistema de pagamentos é extremamente impactante. Abordaremos esse tópico mais adiante, mas antes gostaria de aprofundar na questão do lastro de uma moeda.

3.2 Moeda e lastro

A crítica mais comum que detecto quando se fala sobre Bitcoin e, consequentemente, sobre criptomoedas, é de que elas não têm lastro, não há nada que garanta sua existência. Mas esse lastro realmente não existe? Ele é necessário? Para isso, nada melhor do que usar o dólar como exemplo de uma moeda fiduciária e o Bitcoin representando as criptomoedas. Vamos ao duelo!

Se restringirmos o conceito de lastro a algo palpável, físico, aqui a diferença entre o dólar e o Bitcoin não existe. Nenhum dos dois tem lastro em outro ativo físico. Até a década de 1970, como vimos, havia um lastro físico em ouro para cada dólar emitido, mas desde então, não existe mais.

O Bitcoin também nasce como o resultado de um software programado para gerá-lo a partir de um processo conhecido como mineração, em que se troca capacidade computacional e energia por seu token, o Bitcoin. Ambos os ativos, dólar e Bitcoin, não têm lastro físico.

Agora, se expandirmos um pouco o conceito de lastro para algo que dê confiança à moeda/ativo, temos que analisar um pouco mais a fundo.

A confiança do dólar está em todo o sistema de controle e regulação, e alguns diriam que está no **poder bélico** dos Estados Unidos, país que o emite. E aqui é uma questão de confiança no sistema, mesmo. Por isso, o dólar vale mais do que o real, o peso chileno etc., porque todos têm mais confiança nas instituições e regras estadunidenses, isso é fato. O "lastro" do dólar vem dessa confiança e nada mais.

A confiança no Bitcoin está na expectativa de que o software que deu origem a ele continue funcionando como sempre funcionou e que não haja nenhum percalço no caminho. Nesse sentido, a rede Bitcoin é, muito provavelmente, a rede com o melhor desempenho de toda a história, por estar de pé em mais de 99.98% do tempo desde sua criação, em 2008, e não teve um único momento em que não estivesse operacional, pelo menos entre 2013 e 2023, ou seja, por dez anos. Seu banco já ficou fora do ar nesse mesmo período? Pois é, a rede Bitcoin não.

Aqui chegamos a um impasse difícil de resolver. O dólar tem sua confiança gerada por tudo que está ao redor dos Estados Unidos, e o Bitcoin por tudo que está escrito em seu código e que o software desempenha.

A resolução desse impasse passa por uma coisa chamada **fé**. Ambos os sistemas têm como lastro a crença que as pessoas têm nele. Alguns vão dizer que é mais fácil confiar em um governo, suas regras, sua cultura; outros preferem um software que já se sabe como agirá e não tem mudanças de rumo pela vontade política de determinado grupo. Cabe a você escolher em quem confiar mais.

Aqui não dá para ser ingênuo e achar que a questão é tão simples como essa (apesar de o ser), porque entram vários vieses que nós, humanos, temos. Um deles é conhecido como "system justification", que diz que temos uma tendência a defender e dar mais valor ao status quo, e como aqui todos já conhecem o dólar e as moedas fiduciárias há muito tempo, o Bitcoin está em desvantagem.

Se essa questão de que o dólar e o Bitcoin têm em sua base a confiança que temos neles ficou muito longe do que você entende, aconselho fortemente a leitura do livro, *Sapiens*, de Yuval Haraki, que demonstra isso magnificamente bem quando compara capitalismo e religião.

Por fim, referente ao lastro físico, os dois ativos, dólar e Bitcoin, são idênticos. Analisando "lastro" de um ponto de vista mais heterodoxo, os dois se baseiam na fé no ativo e, a partir daí, acredito que o dólar hoje tenha vantagens por ter mais tempo e ser o ponto de status quo que todos conhecem.

A pergunta é: Até quando?

3.3 Relação da moeda com sistemas de pagamento

Na arquitetura dos sistemas de pagamento mundiais, a utilização de uma moeda é atrelada a uma região geográfica, a uma legislação e a um sistema de pagamentos.

52 A TOKENIZAÇÃO DO DINHEIRO

Por isso, atualmente, na zona do euro, já é possível fazer pagamentos instantâneos; no Brasil, temos o PIX; na China, paga-se quase tudo por QRcode, e assim por diante. Moeda e sistema de pagamento estão intrinsecamente associados. Mas tem que ser assim? Poderíamos ter um sistema de pagamento efetivamente mundial? Um sistema onde todas as moedas circulariam?

Bem, a criação e o gerenciamento dos sistemas de pagamento atual servem a alguns propósitos, tais como implementação de política monetária e fiscal, organização de limites e direitos de acesso ao sistema, auditoria e controle de fluxos, organização das operações entre países (câmbio), entre outros.

Muito embora esses sistemas sejam necessários no campo digital, no campo não virtual eles não são uma necessidade. Como exemplo, há o dólar em papel (notas de dólar), que pode ser aceito em qualquer lugar do mundo, caso as duas contrapartes concordem.

A fim de restringir a circulação de grandes volumes de papel-moeda, a maioria dos países estabelece limites. Quando esses valores são atingidos ou ultrapassados no sistema de pagamentos do país, é necessário fornecer informações adicionais aos reguladores.

Isso pode ocorrer via depósito dos dólares, caso esse país permita contas em moeda estrangeira, ou via fechamento de câmbio, para trocar por outra moeda. Há também regras para a circulação de grande numerário em papel-moeda entre países, como no caso das pessoas físicas, que têm que declarar valores superiores ao equivalente de USD 10.000,000 quando saem do Brasil ou entram no país.

Apesar desses controles, se esse dólar "papel-moeda" continuar sendo transmitido de mão em mão, sem bater no sistema financeiro ou mudar de país, o regulador não saberá dele, pois não haverá registro em nenhum sistema. Não há nenhum controle ou registro de quem os têm e das transações que o envolvem.

Vale lembrar as quatro principais características do papel-moeda:

1. anônimo – não há registro de quem o detém;

2. universal – qualquer indivíduo pode detê-lo;

3. "trocável" entre pessoas, sem necessidade de intermediários;

4. isento de juros.

Quando migramos para o campo digital, alguns desses parâmetros se tornam mais difíceis de serem mantidos. A necessidade de registro da transferência é um. Como estamos transmitindo dados, eles têm que ser registrado em algum sistema, seja na transmissão em si, seja na posse desse ativo. Embora existam maneiras de preservar essas características do dinheiro físico, no ambiente digital, há indiscutivelmente uma tendência – ou melhor, uma inclinação – para integrar esse sistema de controle da moeda a outros sistemas vinculados ao Estado, como o sistema tributário e o monitoramento de operações ilegais. Uma tentação enorme, que faz sentido de existir.

O controle do sistema digital de registro e negociação da moeda é um dos grandes poderes que os Estados emissores de moeda têm hoje e, por isso, existem sistemas financeiros feitos por moeda. O sistema onde circula o real tem o Banco Central do Brasil como o seu regulador e, em alguns casos, tem operador, como o sistema de pagamentos instantâneo (SPI) que possibilita fazermos PIX, o sistema europeu (Sepa), por onde circulam os euros, e assim por diante.

A ligação entre a moeda e seu sistema de pagamentos é algo que raramente refletimos, mas está presente em nosso cotidiano. Aqui, é válido abrir um parêntese para essas conexões que estabelecemos. Uma delas, mais lógica e direta, envolve a relação entre moeda, juros e tempo. Esta é uma associação que frequentemente sinto a necessidade de abordar em minhas aulas sobre o assunto.

Ganhar 10% em reais não é a mesma coisa que ganhar 10% em dólares, e 10% em dólares para um investimento de dez anos é diferente de 10% em dólares para um investimento de trinta anos.

O conceito de juros é simples, algo que não pode ser desatrelado do parâmetro de tempo e moeda. Os juros para um dia nunca são os mesmos do que para um ano, assim como os juros em uma moeda nunca são os mesmos para outra moeda. É impossível desatrelar dos juros essas duas ideias, isto é, de moeda e prazo.

Colocando de forma simples, juros nada mais são do que a forma de transportar determinada moeda no tempo.

Mas por que cada moeda tem seus juros? Isso é uma explicação que daria outro livro, mas está atrelada a fatores culturais, credibilidade dessa moeda/país, inflação, decisões das políticas monetárias e fiscais etc.

Em geral, os juros são tão mais altos quanto mais o país precise se financiar para pagar sua estrutura ou seus investimentos. Quanto maior o risco institucional do país em geral, maior sua taxa de juros; contudo, explicar o motivo pelo qual os juros do real figuram sempre entre os maiores do mundo é uma tarefa árdua e uma discussão que vejo ocorrendo há anos entre economistas, sem que esses tenham chegado a algum consenso.

Mas, voltando ao ponto, independentemente da razão e da justificativa para o nível de juros, a verdade é que não dá para separá-los da moeda.

E o tempo, onde entra?

Esse é mais fácil; você emprestaria dinheiro para alguém, por uma semana, ou por um ano, cobrando os mesmos juros? Óbvio que não. Aqui entra o conceito do valor do dinheiro no tempo. Quanto mais longo o período, maior o risco e, portanto, maiores os juros.

Quanto à infraestrutura que cada moeda tem, a comunicação entre esses sistemas dos países ou regiões geográficas é feita, na maioria das vezes, por outro sistema operado por uma associação de bancos, o Swift. É por meio desse sistema que a imensa maioria das operações de câmbio trafegam e a conexão entre os sistemas de pagamentos locais se integram.

Câmbio, por esse aspecto, é o mecanismo pelo qual trocamos não só de moedas, mas migramos de um sistema de pagamentos para outro.

O Swift é um sistema que foi idealizado e implementado baseando-se em troca de mensagens entre agentes bancários do mundo inteiro, de modo que esses bancos consigam equalizar os seus saldos em diversas moedas e diversos sistemas de pagamento.

Originalmente, as transações levavam dois dias para serem liquidadas. Esse padrão perdurou em muitos casos até o final da década de 2010. No entanto, inovações impulsionadas pela Blockchain pressionaram o Swift a modernizar sua tecnologia. Como resultado, houve uma busca por tornar o sistema mais ágil, rápido e com uma conciliação mais eficaz.

Um dos principais pontos de atualização do Swift é o de que hoje, com tecnologias como Blockchain, a transação – ou seja, os dados do dinheiro – já é enviada com a mensageria, facilitando e muito a reconciliação e possibilitando uma comunicação muito mais direta entre os vários bancos. Se antes, para fazer uma operação de reais (moeda do Brasil, expressada a seguir como BRL) para iene (moeda do Japão, expressada a seguir como JPY) era necessário passar por bancos que tivessem acesso ao mercado financeiro americano, a dólares (USD) para fazer o par BRLUSD e depois o USDJPY, com a tecnologia atual, a troca das duas moedas, diretamente, pode ser uma realidade. Por mais que a liquidez dos pares com o USD seja o que determina o preço, e assim deve continuar, do ponto de vista de liquidação a troca direta de BRL e JPY já é uma realidade.

Saindo um pouco da árvore para ver a floresta, a arquitetura dos sistemas por onde trafega o dinheiro que hoje usamos é baseada nos sistemas de cada moeda e é interligado globalmente e majoritariamente pelo Swift. É uma forma bastante simplista de ver, mas muito precisa, e quem disse que tem que complicar? A beleza das coisas está no simples.

O advento das redes públicas de Blockchain, tal qual a Ethereum, e as iniciativas que atendem pela alcunha de DeFi, que exploraremos melhor à frente, demonstram que hoje a tecnologia permite que tenhamos um sistema de pagamentos mundial muito mais facilmente interconectado, auditável, acessível. Uma internet que tenha o dinheiro e troca de ativos como nativa. Ou, se preferir, Web3.

A rede Ethereum é um grande exemplo disso. Hoje se criam inúmeros ativos nessa rede que podem ser transacionados em qualquer país. A rede é rápida, segura, auditável, relativamente interconectável e com aplicações que a tornam cada vez mais fácil de ser utilizada.

Stablecoins (que, por enquanto, entenda como Tokens representativos de moedas fiduciárias em redes de Blockchain; mais adiante teremos um capítulo dedicado a elas), como Tether, Usdc, Dai (todas vinculadas ao dólar), EURS (vinculada ao euro) e até o BRZ (vinculado ao real) já indicam que existe uma alternativa para a circulação dessas moedas no ambiente digital. Isso pode ser feito sem depender exclusivamente de um sistema fornecido pelo emissor da moeda.

Poderia ser a rede Ethereum, ou uma Blockchain pública não permissionária, a nova infraestrutura de pagamentos do mundo em breve? Vejo várias razões para isso, mas os desafios não são pequenos.

Para o teste inicial do Drex, moeda digital do Brasil, foi escolhida uma rede que funciona bem com EVM. Isso é um sinal de uma tendência atual. Durante esse teste, serão observados quesitos como a privacidade e como diferentes partes se juntam no sistema, e esses são pontos importantes a serem estudados.

Ter um sistema de pagamentos sob o controle do Estado traz algumas facilidades e a tendência é que todos os Bancos Centrais do mundo queiram ter o seu. Os sistemas de pagamentos instantâneos da Suécia, geridos por uma associação de bancos, e o domínio dos pagamentos na China pelo Alipay e WeChat, são frequentemente citados como motivos significativos para esses dois países explorarem intensivamente sistemas de pagamento baseados em Blockchain e DLT para suas CBDCs.

Para concluir esta seção, destaco dois aspectos cruciais relacionados à moeda e à rede pela qual ela circula. O primeiro refere-se ao desejo de o Estado controlar tanto a moeda quanto a rede. O segundo é a capacidade que a tecnologia oferece de separar esses dois elementos: moeda e rede. Embora eu tenda a acreditar que o poder estatal e a influência de suas moedas nos levarão a manter moeda e rede integradas, a mera existência de uma opção potencialmente mais eficiente já é motivo para reflexão.

3.4 Por que a digitalização da moeda é inevitável?

A essa altura, já deve estar evidente para todos que o uso de meios digitais em nossa vida não é mais um luxo. A grande maioria de nós não conseguiria levar uma vida normal, entendendo por "vida normal" as atividades diárias que realizamos, tanto sociais quanto profissionais, sem o auxílio de alguma tecnologia.

Um amigo foi além, desafiando qualquer um a passar um dia sem usar algum produto das Big Techs (Microsoft, Apple, Amazon, Facebook, Google). Já refletiu sobre isso? O impacto nas suas atividades diárias seria imenso!

E é nesse contexto que a moeda se insere. Como ela poderia permanecer imune a isso, sendo uma parte tão crucial de nossa rotina diária, especialmente quando consideramos sua função como meio de pagamento? Não poderia ser e não permanecerá assim.

Ela está evoluindo, o que significa ir além da simples digitalização, como ocorreu com nossas contas bancárias, o uso de cartões (crédito e débito) e, mais recentemente, de carteiras digitais (wallets).

As discussões atuais envolvem uma mudança nos papéis do sistema financeiro, uma aproximação maior dos Bancos Centrais com o público, a criação de moedas privadas que poderiam colaborar ou competir com as moedas governamentais, e até mesmo a possível privatização ou estatização dos meios de pagamento, entre outros temas.

As vantagens de ter o dinheiro digitalizado são inúmeras, como rastreabilidade, pagamentos 24/7 on-line, facilidade de uso, redução de custos para o emissor da moeda, inclusão financeira e até considerações ambientais – considerando que quase todos têm acesso à internet e ao celular.

Esses benefícios, inevitavelmente, nos conduzirão à digitalização do dinheiro mais cedo ou mais tarde. Como costumo dizer, quem nasce agora só verá dinheiro em papel em museus, ao lado de máquinas de escrever, telefones fixos e fitas cassete.

E reforço, pois é crucial: digitalização não é o mesmo que tokenização. A digitalização da moeda é uma tendência global irreversível, em minha visão, e a tokenização é a melhor forma para que ela circule no ambiente digital.

Existem muitos desafios a serem superados nesse caminho, incluindo preocupações com grupos que ainda estão excluídos digitalmente, como os idosos, e o fato de ainda existirem regiões do mundo sem acesso à internet. Um estudo da ONU[4] mostrou que 2023 foi o ano em que 2/3 da população mundial está ligada à internet. Isso significa que ainda há 33% da população global sem conectividade, em grande parte no continente africano.

Esse não é o caso do Brasil, Europa e Estados Unidos, onde a internet abrange a vasta maioria do território e, consequentemente, está disponível para quase toda a população.

Além disso, nessa nova etapa da moeda, é fundamental considerar mecanismos de proteção, como o FGC (Fundo Garantidor de Crédito).

No entanto, vejo que essa direção, rumo a uma moeda tokenizada, já está traçada e avançando rapidamente, embora ainda em estágio inicial.

3.5 O fim do dinheiro físico (cash) e seu impacto na nossa privacidade

As inúmeras discussões sobre a tendência atual de digitalização do dinheiro, e que em muitos países implicará a extinção do papel-moeda, tocam em vários aspectos dessa transformação: sistemas de pagamento (no país e sua interoperabilidade com outros países), segurança digital, privacidade, estabilidade do sistema, como realizar transações em áreas sem conexão à internet, entre outras.

Tomamos como dado o fato de o papel-moeda nos permitir fazer operações anônimas, sem que a pessoa que está entregando suas notas para pagamento tenha que se identificar, nem tampouco o recebedor seja obrigado a fazê-lo. Isso permite rapidez nas transações, o que é muito eficaz para pagamentos de valores pequenos, por exemplo, mas como todos

---

[4] Statistics. ITU. Disponível em: https://www.itu.int/en/ITU-D/Statistics/Pages/stat/default.aspx.

vimos nos noticiários dos últimos anos no Brasil, permite também que várias operações ilícitas sejam praticadas.

No sentido de tentar eliminar essas práticas ilícitas com uso de papel-moeda, houve uma iniciativa na Índia em 2016 em que se eliminaram as notas de valores altos (como se as notas de R$ 50,00 e R$ 100,00 deixassem de existir) para ver se isso eliminaria as transações feitas no "mercado clandestino". Não deu muito certo e causou um transtorno enorme no mercado de pagamentos local.

No início de 2023, a Nigéria lançou uma iniciativa para substituir o papel-moeda em circulação. A população recebeu um prazo de noventa dias para trocar suas notas antigas por novas. Após esse período, as notas antigas perderiam sua validade.

Essa medida nigeriana tinha três objetivos principais: ter um maior controle sobre a moeda em circulação, considerando que mais de 80% dela estava fora dos bancos; controlar operações ilícitas; e, em um nível diferente, controlar a inflação, incentivando a população a usar mais meios digitais de pagamento em vez de dinheiro físico. Embora tenham ocorrido contratempos, como longas filas e prorrogações constantes do prazo de troca, só os próximos anos indicarão se os objetivos foram alcançados com sucesso.

Já foram feitos inúmeros experimentos com a moeda. Nos dois casos anteriormente citados, com o dinheiro em papel e entre os objetivos estavam a meta de identificar quem o detém e entender para qual finalidade ele estava sendo usado. Quando passamos do ambiente do dinheiro em papel para o dinheiro digital, seja ele saldos bancários, saldos em carteiras digitais, ou qualquer outra forma, a necessidade de identificar o dono dessa carteira é uma exigência.

É como se quatro pessoas estivessem em uma sala e alguém pedisse que elas colocassem as cédulas em cima da mesa e depois as misturassem. Essas pessoas não se conhecem e não confiam umas nas outras. Quem confiaria que os R$ 100,00 que estão na mesa são seus? Como você conseguiria provar que aqueles R$ 100,00, em forma de papel, são os que você tinha no bolso? A partir do momento em que estão todos misturados, temos R$ 400,00 na mesa, mas são de quem?

Uma forma fácil seria que todos, antes de colocarem as notas na mesa, escrevessem seus nomes nelas, a fim de identificá-las. Ao fazer isso, seria possível saber quem é o detentor de cada valor.

Uma alternativa seria utilizar caixas transparentes para armazenar as notas individualmente. Cada pessoa teria sua própria caixa, protegida por um cadeado cujas chaves estariam somente em posse do proprietário das notas. Dessa forma, embora a identidade do dono de cada caixa permaneça desconhecida (a menos que ele utilize sua chave para abrir o cadeado), é possível visualizar a quantidade de dinheiro em cada caixa devido à sua transparência.

No meio digital é mais ou menos assim que acontece. A diferença entre o dinheiro estar com o seu nome ou estar em um caixa com um cadeado onde só você sabe que é dono dele está no controle que o sistema quer ter (e aqui entenda-se **sistema** como o **regulador**, **proprietário** do sistema, ou **sociedade** em último caso).

Para o regulador, que seria uma quinta pessoa sentada à mesa, no primeiro caso, o da identificação da nota, ele sabe claramente quanto é o total que está na mesa e quanto cada pessoa tem.

No segundo caso ele sabe o total, a parte individual de cada um, mas não tem identificado o real proprietário da caixa transparente.

Fazendo agora para um paralelo com o mundo atual, o caso do dinheiro com seu nome escrito é o dinheiro que você tem no banco, por exemplo; o que está na caixa com cadeado pode ser entendido como o dinheiro em papel-moeda que você tem na sua carteira, dentro de uma Blockchain, como a da rede Ethereum.

Uma das diferenças que salta aos olhos desses dois exemplos está na identificação do "dono" do dinheiro, nos dois casos. No primeiro o regulador e todos os outros sabem o valor que cada um tem. No segundo isso não é possível, já que a chave para abrir a caixa transparente que hoje está comigo, amanhã poderá estar com você, há anonimato envolvido.

À medida que os Bancos Centrais intensificam seus estudos e alguns já testam a implementação de moedas digitais do Banco Central (CBDC), a discussão sobre o nível de anonimato a ser concedido às pessoas no campo digital se torna crucial.

Os modelos de CBDC que tenho visto, em geral, são de uma transparência total para a autoridade monetária acerca de quem é o dono do dinheiro e não somente do estoque, mas também das transações. Há algumas discussões para permitir a não identificação dos usuários, quando se tratar de valores pequenos, mas para valores grandes, não tenho dúvidas de que não somente os estoques serão identificados, mas também as transações.

O caso mais extremo de total identificação vem da Ásia, mais precisamente da China. Devido aos fatores culturais (valorização do coletivo em detrimento do indivíduo), a questão de privacidade não está presente e o desenvolvimento da CBDC chinês, ou *e-yuan* como alguns chamam, deve ser totalmente identificado.

Nas economias ocidentais com maior preocupação com o indivíduo, as discussões sobre o melhor modelo vão de vento em popa. De um lado, a privacidade do indivíduo; de outro, questões tributárias ou de prevenção à lavagem de dinheiro e terrorismo.

Essas questões são bastante complexas e individuais de cada país/cultura, por isso não é fácil ver um sistema único para todos funcionando logo; por outro lado, assim que todos os países definirem suas formas de emissão de CBDC, a interoperabilidade entre elas poderá ser muito mais fácil do que a dos sistemas de transferências de valores que temos hoje.

Em relação à extinção do dinheiro em papel acabar com a nossa privacidade, o que podemos ver é que é uma possibilidade, mas não um caminho já traçado. Nos últimos anos, vários países do ocidente aceleraram a implementação de suas regras e leis no que se refere à proteção da individualidade e privacidade no campo digital. No Brasil a principal é a LGPD (Lei Geral de Proteção de Dados) que determinou que tipos de dados e relações entre os usuários e provedores de serviço no campo digital devem existir. Esse foi um passo importantíssimo no sentido de determinarmos os parâmetros que a digitalização da moeda deve seguir.

E isso faz todo o sentido quando tomamos conhecimento de que o piloto do Drex, realizado entre 2023 e 2024, tem como um de seus principais focos testar a viabilidade de uma rede de Blockchain compatível com EVM. Essa rede deve estar em conformidade com as diretrizes da LGPD, bem como com as regulamentações de "Conheça o seu cliente" (KYC) e medidas antilavagem de dinheiro. Detalharemos isso no próximo capítulo.

3.6 A digitalização do dinheiro e a segurança dos dados

Segurança digital não surge com as moedas digitais. Ela já é um assunto em qualquer segmento de mercado que tenha alguma presença no campo digital.

Falando do mercado financeiro, isso é uma preocupação constante e razão para grandes investimentos por parte de bancos, corretoras, reguladores, Bancos Centrais. Não acredito que haja hoje nenhuma instituição bancária onde esse assunto não esteja em pauta.

É uma preocupação e todos têm isso resolvido. Embora tenham ocorrido vazamentos de dados de clientes, o que é gravíssimo, não tenho conhecimento de casos em que uma instituição bancária de grande relevância tenha sido invadida resultando na perda total de fundos de todos os seus clientes. Isso contrasta com o que já aconteceu com algumas corretoras de criptomoedas, sendo a MtGox, no Japão, um dos exemplos mais notórios.

Esse início é importante porque, sendo um problema com o qual as instituições financeiras já lidam hoje, temos não só tecnologia, mas também know-how de como se minimiza ou, eventualmente, se elimina esse risco.

Neste ponto, cabe uma discussão entre um sistema com controle centralizado ou não. Estamos migrando para modelos de moeda digital dos Bancos Centrais (CBDC) que serão fechados, onde eles terão total controle sobre as movimentações, podendo eventualmente cancelar ou eliminar as transações que quiser. Nessa arquitetura, deve haver uma preocupação enorme com a segurança do sistema e dos dados.

Em um sistema distribuído, sem autoridade central, grande parte da preocupação com segurança passa ao **usuário** e não ao **emissor** da moeda digital. Bitcoin é um bom exemplo disso. Os Bitcoins estão lá na conta (chave pública) e só podem ser movimentados por quem tiver a senha (chave privada). Caso essa chave privada seja perdida ou roubada, já era. Você nunca mais terá acesso à conta.

Sempre gosto de fazer o paralelo com o mundo "físico". Hoje, se você perde o dinheiro em papel que está no seu bolso, já era. Não tem com quem reclamar, nem como recuperá-lo, a não ser que você mesmo o encontre. No caso das criptomoedas, no campo digital, é bastante similar.

Em um texto recente que li do Fórum Econômico Mundial[5], há uma boa discussão sobre a arquitetura de implementação da CBDC e ele cita duas formas principais: sistemas de pagamento/moeda baseados em **contas** e sistemas baseados em **tokens**.

O sistema de contas é o que conhecemos hoje, onde cada usuário tem sua conta e as transferências são feitas entre as contas. No caso da implementação da CBDC, essas contas seriam todas juntas a uma plataforma controlada pelo Banco Central.

Em um sistema de tokens, o funcionamento é mais próximo ao dinheiro físico hoje, onde o Banco Central emitiria o token (Real-Digital, por exemplo) e poderíamos transacioná-lo através de nossas carteiras digitais, identificados ou não. Há menção a um sistema **híbrido** desses dois, mas vou me ater apenas aos dois.

No caso da CBDC baseada em contas, isso requererá que os participantes abram contas identificadas para ter acesso a essa plataforma. Essas contas poderiam ser nos bancos, como temos hoje, ou diretamente no Banco Central. Nesse sentido, a preocupação de segurança digital estaria com os bancos e Bancos Centrais, que seriam os entes controladores e operadores dessa plataforma.

---

[5] World Economic Forum. Central Bank Digital Currency Policy-Maker Toolkit, jan. 2020. Disponível em: http://www3.weforum.org/docs/WEF_CBDC_Policymaker_Toolkit.pdf.

Ao discutir uma CBDC baseada em tokens, a preocupação com a abertura de contas se torna irrelevante. No entanto, se essa CBDC funcionar como uma versão digital do papel-moeda (sendo anônima e transferível diretamente de pessoa para pessoa), a responsabilidade pela segurança digital recai majoritariamente sobre o usuário. Uma das tarefas do Banco Central seria assegurar a autenticidade dos tokens transacionados, assim como combate à falsificação de cédulas físicas. Já as questões relacionadas a transações e saldos ficariam a cargo do próprio usuário.

Em ambos os casos, uma primeira discussão deve ser sobre quais os riscos do ponto de vista de segurança de dados que devemos ter e, em seguida, quem arcará com esse risco.

Também é importante saber até onde o Banco Central deveria garantir a segurança digital das pessoas que utilizarem sua CBDC. No caso do Bitcoin, que serve de base para muitas dessas discussões, essa responsabilidade ficou toda com o usuário. Como já disse, não acredito que iremos para esse cenário, mas, ao mesmo tempo, me parece óbvio que cada vez mais o usuário terá necessidade de entender melhor esses riscos.

Dito isso, com a implementação de uma moeda digital do Banco Central (CBDC), não vejo motivo para temor excessivo quanto à segurança de dados. Claro que devemos ter uma implementação bastante pensada e testada antes de ganhar escala, mas inúmeros exemplos do mercado financeiro tradicional brasileiro me levam a crer que conseguimos controlar as movimentações de dinheiro digital com a sua devida segurança.

3.7 Moeda e pagamento

Pagamento, como já vimos, é uma das principais funções da moeda, e entender como esse ambiente está se transformando é essencial. O que podemos esperar daqui pra frente? Quais diferenças existem entre inúmeros países/regiões? Esses são temas tratados anualmente pelo GPR (Global

Payments Report) da Worldpay from FIS[6], relatório referência nesse mercado que é feito anualmente.

O relatório de 2023 trouxe as seguintes tendências como as principais de pagamento para os próximos anos: Pagamentos "peer-to-peer" estão crescendo, ancorados por sistemas de pagamento instantâneos. A implementação do Open Banking e das Leis de Proteção de Dados em vários países nos últimos anos, endereça os dois grandes obstáculos para isso ocorrer, ou seja, a segurança e a privacidade dos pagamentos. São exemplos nesse sentido a LGPD e o Open Banking, ou no caso brasileiro, o Open Finance, já devidamente implementado.

- Cartão de crédito continua sendo uma das principais fontes de pagamento;
- Carteiras digitais estão em franca ascensão;
- Uso de dinheiro em papel continua caindo! (Se você chegou até aqui no livro isso não deve causar surpresa). Acredita-se, no entanto, que embora haja esse real declínio, o dinheiro em papel ainda é importante em vários países e não teremos um mundo sem dinheiro em papel em futuro próximo;
- O BNPL (Buy Now, Pay Later – solução muito presente em alguns países onde Fintechs financiam o consumidor final) chegou em um patamar importante e deve ter taxas de crescimento menores nos próximos anos;
- Crypto continua na sua infância, em termos de pagamentos. Há um oceano de oportunidades neste aspecto, na minha opinião;
- E-commerce cresce em todas as regiões.

Alguns temas citados em versões anteriores desse relatório também apontavam insights importantes. Um deles é o protagonismo que o sudeste asiático terá em pagamentos. Com aproximadamente 660 milhões de pessoas, inúmeros desbancarizados, uma classe média em franco crescimento e uma utilização de smartphones entre as maiores do mundo, é esperado

---

[6] FIS. Disponível em: https://www.fisglobal.com/en/global-payments-report.

que essa região estabeleça o crescimento de pagamentos pelo mundo e assim deve seguir.

Diferentemente de grande parte do ocidente, onde migrações para carteiras e meios de pagamento digitais foram antecedidos por uma migração de dinheiro para cartões (crédito e débito), no caso do sudeste asiático, há uma migração direta de dinheiro para carteiras digitais, assim como aconteceu na China.

Obviamente, há algumas diferenças entre os países da região, mas, de modo geral, a Ásia como um todo tem hoje a maior taxa de adoção de pagamentos digitais do mundo. Tendência importante para todos nós do ocidente acompanharmos, pois, muito provavelmente, com alguma defasagem, deve acontecer o mesmo por aqui. Só para citar um exemplo, o uso de QRcode, que se popularizou no Brasil desde 2021 com a introdução do PIX, já era uma forma de pagamento amplamente utilizada em vários países asiáticos há mais de cinco anos.

A seguir, temos uma questão geracional importante, apesar de não haver divisão clara, chama-se Geração Z, os nascidos entre final dos anos 1990 e início dos anos 2010 e são hoje por volta de 26% da população mundial. Eles são a primeira geração que nasce totalmente digital, não tendo que fazer nenhuma migração ou aprendizado para tal.

Tenho filhos nessa geração e escrevendo isso me lembrei de quando o meu mais novo, com três ou quatro anos, subiu em um banquinho e começou a passar a mão na TV de tela plana que tínhamos na sala, para tentar "passar de página", como ele fazia no seu iPad.

Essa é uma geração que demanda que sua participação seja sempre colaborativa, bastante crítica e que espera uma grande personalização e alta qualidade em tudo que lhe é oferecido on-line. Diferentemente das gerações anteriores, que aceitava algumas alternativas massificadas, essa geração já experimentou a possibilidade de personalização no campo digital que temos hoje e não renunciará a isso.

Essa geração espera também uma grande interação e um alinhamento dos seus valores com os valores das marcas que consome, e que a distância entre experiências comerciais e sociais seja cada vez menor. Isso, por si só, faz com que as estratégias das marcas tenham que ser de mais longo prazo.

E talvez o mais importante é que essa geração não tem os mesmos laços com os sistemas financeiros tradicionais da geração anterior, fazendo com que seja mais aberta às experiências financeiras e aos pagamentos que tragam conveniência e praticidade.

Carteiras digitais, pagamentos "peer-to-peer", flexibilidade de prazo de pagamento (como o oferecido pelas opções "compre agora, pague depois") e experiências de compra personalizadas são, claramente, demandas dessa geração.

Outra tendência levantada por relatórios anteriores é o que chamam de Social Commerce. Como passamos cada vez mais tempo em mídias sociais (e o Brasil é um dos líderes nesse quesito, diga-se de passagem), por que teríamos que sair delas para comprar as coisas que queremos? A China puxa a fila das inovações e aceitações dessa tendência mundial com o Wechat, mas exemplos como o TikTok Coin, na Índia, e o Elenas da Bolívia, também seguem a mesma receita de juntar mídias sociais com e-commerce.

Há de se destacar o caso no Brasil do segmento varejo (Ponto Frio e Casas Bahia), que durante a pandemia implementou o "Me chama no ZAP", organizando sua força de vendas, antes presencial, para vender via mídia social.

Essa junção entre mídias sociais e e-commerce traz inúmeros benefícios para as empresas, que conhecerão melhor seus clientes, podendo oferecer a eles o melhor produto, no melhor local, na melhor hora.

Meios de pagamento rápidos, simples, seguros e confiáveis são a base para essa interação que, em termos mundiais, continua engatinhando e tem enorme potencial.

Por fim, temos a mudança que toda essa proliferação de inteligência artificial trará, fazendo com que itens do tipo *voice commerce* (compra por voz) se tornem possíveis, o que poderá deixar nossa experiência ainda melhor.

68 A TOKENIZAÇÃO DO DINHEIRO

Concluindo, o que vejo é uma proliferação de soluções de pagamentos no campo digital acompanhando essa digitalização que está acontecendo com a moeda e somente alguns pequenos indícios da transformação que a tokenização pode trazer para esse processo. E por falar em tokenização, a seguir trago uma das possibilidades mais interessantes que vislumbro para o futuro.

3.8 Tokenização poderia levar a uma fusão entre moeda e juros?

A tecnologia atual possibilita que as funções tradicionais da moeda – meio de troca, reserva de valor e unidade de conta – não precisem mais ser estritamente separadas para serem eficazes. Essa evolução tem o potencial de revolucionar todo o sistema financeiro global. Explico.

À medida que temos as moedas representadas em Blockchains, ou seja, tokenizadas, o uso de determinado token representativo dessa moeda que incorra em juros para o dia a dia é uma alternativa que aparece e muda muito da estrutura e alocação de recursos.

Para ilustrar: consideremos um exemplo inovador e já estabelecido no mundo das criptomoedas. A Lido Finance, atualmente a maior plataforma de Staking de Ethereum, emite um token chamado stETH para cada depositante que coloca ETH em Staking através de sua plataforma. Esse token, stETH, pode ser usado livremente na plataforma Ethereum. Traçando um paralelo com o mercado financeiro tradicional, seria como se você investisse em um fundo e, em troca, recebesse quotas (que chamaremos de fdoBRL). Essas quotas poderiam ser negociadas livremente no mercado, sendo usadas até mesmo para pagar suas compras no supermercado ou adquirir um carro. Esse novo token (fdoBRL) seria uma nova moeda? Qual o risco sistêmico e de crédito que ele carregaria?

Continuando com o stETH, ele é um token aceito em praticamente todas as plataformas de DeFi tal qual o ETH, a diferença é que pelo mecanismo da Lido, esse token stETH tem uma rentabilidade atrelada a ele que vem da função que o Staking de ETH provê, ou seja, garantir a rede. Aqui, o risco do Staking pode ser entendido como o próprio risco da rede, já que se tivermos problema com a Blockchain da Ethereum, os ETH em Staking estarão no topo da fila para responder por eles.

Uma função que o stETH ainda não cumpre (destaque para o "ainda") é o pagamento das taxas de utilização da Blockchain do Ethereum. No entanto, com a abstração de contas, essa funcionalidade é apenas uma questão de tempo. Nesse contexto, é provável que em breve a grande maioria dos ETH esteja depositada em Staking em plataformas como a Lido. Assim, a "moeda" de transação na rede Ethereum poderá ser tokens similares ao stETH, em vez do próprio ETH. Voltando ao mercado financeiro tradicional, imagine agora um fundo administrado pelo Tesouro Nacional do Brasil que tenha uma carteira composta única e exclusivamente por seus títulos e que você consiga depositar reais (BRL) e receba em troca um token representativo da cota (TesBRL) que possa interagir livremente em uma rede de Blockchain disponibilizada e regulada pelo Banco Central do Brasil (Drex, já ouviu falar?).

Você poderia pagar um café, fazer compras no supermercado ou comprar um imóvel com o TesBRL, que seria amplamente aceito. Conseguiu visualizar?

Nesse cenário, tudo seria trocado por TesBRL e não mais BRL, nossa moeda. Em termos econômicos, a TesBRL seria um passivo do Tesouro Nacional e não do BCB. E é a partir daqui que as dúvidas e perguntas se amontoam.

Estaria o Tesouro Nacional emitindo diretamente moeda? Mas isso não é função do BCB? Como separar essas duas entidades? Isso ainda seria necessário, ou a tecnologia tornou essa divisão obsoleta? Como ficam as políticas monetária e fiscal? Tudo junto e misturado?

Outro aspecto dessa discussão está relacionado com a enorme receita em que todos os BCs incorrem por conta de terem o monopólio da emissão de moeda. Isso é conhecido como **senhoriagem** no mundo econômico. Em termos simples, é a diferença entre o custo de emitir R$ 50,00 (irrisório), em comparação ao valor de face do que foi emitido. Seria o Tesouro, em algum momento, capaz de emitir TesBRL sem juros e se apropriar de toda a senhoriagem referente a isso? Tal qual o BCB o faz com o BRL?

Perguntas para os economistas responderem do ponto de vista teórico – atualmente – e muito provavelmente, na prática, nos próximos anos.

Veremos adiante que, tecnicamente, uma CBDC de varejo emitida por um Banco Central pode ter juros associados. No entanto, essa não é a direção adotada por nenhum dos projetos de Bancos Centrais que conheço. A principal preocupação é a potencial disrupção do sistema financeiro atual, que se baseia em moeda fracionária e nas funções dos bancos. Um acesso digital direto da população ao Banco Central já é um tópico amplamente debatido. Mas, se o Banco Central começasse a pagar juros sobre esse acesso, surgiria a questão: por que precisaríamos de bancos? O desafio é que as funções atualmente desempenhadas pelos bancos (como gestão de contas e empréstimos) teriam que ser assumidas pelos Bancos Centrais, algo que poucos veem como viável no momento. Mas o ponto que levanto aqui é outro. Não é o caso de uma CBDC de varejo que pague juros. É a **tokenização** de um título do Tesouro que servirá como meio de pagamento, unidade de conta e reserva de valor, ou seja, **moeda**, e isso é uma possibilidade do ponto de vista técnico, porém com enormes implicações.

E por falar em enormes implicações, vamos agora entender um pouco sobre DeFi e como isso está traçando o rumo para essa nova arquitetura de mercado baseada na tokenização.

4. DEFI: MOSTRANDO O CAMINHO E AS VANTAGENS DA TOKENIZAÇÃO

Por volta de 2017, tive contato como uma startup de Blockchain que dizia revolucionar o mercado financeiro mediante uma Exchange de cripto descentralizada, gerida pela comunidade e que teria uma usabilidade muito melhor do que qualquer outra. Naquele momento eu, sinceramente, não entendi muito bem "como" aquilo seria feito, mas vi que, uma vez "feito", poderia ter um impacto imenso no mercado financeiro.

Foi esse meu primeiro contato com DeFi, (Descentralized Finance), ou conjunto de plataformas, aplicações e protocolos que simulam estruturas do mercado financeiro tradicional em Blockchains públicas como a Ethereum e que, geralmente, têm ou pretendem ter, uma governança distribuída, onde a comunidade de usuários é quem gerencia a plataforma.

Um ponto de comparação importante é com o movimento das Fintechs. Essas vieram para melhorar as soluções já presentes no mercado, ou seja, fazer o que bancos e outros agentes financeiros já faziam, mas de modo mais focado no cliente, direto, barato etc.; para tal, elas utilizaram várias tecnologias existentes, mas estavam, e estão, jogando o jogo como ele é. Elas não propõem soluções drásticas de mudança do sistema, se enquadram

72 A TOKENIZAÇÃO DO DINHEIRO

nas regulações existentes dos vários países, e muitas, à medida que crescem, até se transformam em bancos propriamente ditos e regulados.

No caso de DeFi, o foco é muito diferente. O que DeFi almeja é criar uma arquitetura financeira mundial, onde as regras locais, intermediárias, e lógicas de negociação sejam todas definidas por softwares e funcionem de maneira direta, distribuída e transparente a todos que a queiram utilizar. Não há regulador, entidade regulada, base geográfica, restrições de utilização, know-your-costumer, anti-money-laundry, *compliance* e todo o aparato legal atual que envolve a arquitetura local/mundial do mercado financeiro.

É um ambiente de inovação contínua, como se estivéssemos criando do zero um modelo de mercado financeiro internacional.

Nesse contexto, já temos estruturas para a criação de uma Stablecoin de dólar, como o DAI do Makerdao[7]; protocolos de investimentos e empréstimos como o Aave[8] e o Compound; exchanges descentralizadas de ativos como Uniswap[9] e Curve; de derivativos, como GNS e GMX; emissores de derivativos como a Synthetix[10], e por aí afora. Uma enormidade de protocolos e soluções com um crescimento imenso, desde meu primeiro contato.

Todas têm em comum o fato de serem nativas desse mundo de Blockchain não permissionário e, portanto, não negociam moedas Fiat. Apesar disso, os grandes volumes transacionados hoje são de Stablecoins de Dólar como o USdc, o Tether e o DAI. A existência desses tokens teve um papel primordial no desenvolvimento de DeFi e são atualmente responsáveis pela imensa maioria das transações nas redes de Blockchain públicas. Além disso, praticamente todas as iniciativas são desenvolvidas na plataforma do Ethereum com vários tokens ERC-20 e estruturas facilitadas pelos Smart Contracts.

A seguir, trago alguns exemplos de como DeFi está transformando produtos existentes do mercado financeiro tradicional e soluções que são possíveis somente em DeFi.

---

[7] Makerdao. Disponível em: https://makerdao.com/en/.

[8] Aave. Disponível em: https://aave.com/.

[9] Uniswap. Disponível em: https://app.uniswap.org/#/swap.

[10] Synthetix. Disponível em: https://www.synthetix.io/.

4.1 Empréstimos em cripto – futuro dos bancos?

Para exemplificar isso, vamos pegar o MakerDao, que é um protocolo que associa empréstimos a emissão de uma Stablecoin.

Através do MakerDao, você pode depositar um ativo (token), e com base nesse depósito, adquirir um empréstimo em dólar. Para isso, ele utiliza a infraestrutura da Blockchain da Ethereum, e para cada token deposita-do há uma regra predefinida do quanto você poderá pegar de empréstimo. Ele iniciou apenas com a aceitação de depósitos em tokens nativos da rede Ethereum (Ether), mas logo expandiu para aceitar diversos outros tokens como depósito.

Para sermos corretos nos conceitos, o que você recebe ao deposi-tar os seus tokens junto ao protocolo do MakerDao é o "direito de min-tar" (criar) DAIs equivalentes ao valor que você depositou. O DAI é uma Stablecoin que busca a paridade de 1:1 com o dólar americano através de um modelo de **colateralização**.

O modelo de colateralização refere-se ao uso de um ativo como ga-rantia para obter um empréstimo ou crédito. Pense nisso como quando você empenha um item valioso em uma loja de penhores: você entrega o item (o colateral) e, em troca, recebe dinheiro. Se você pagar o empréstimo, recupera seu item. Se não pagar, a loja de penhores pode vender seu item para recuperar o dinheiro. No mundo financeiro, os ativos usados como co-lateral podem ser propriedades, ações, títulos, entre outros.

Em termos práticos, para o MarkerDao, você deposita na plataforma ETH (ou outras criptos/tokens aceitos) em valor equivalente a 150 dólares, por exemplo, e com base nisso pode retirar 100 DAIs que são emitidos.

À medida que esse colateral cai de preço, ou você deposita mais para manter os 50% de valor extra, ou o sistema o usa para "queimar" (destruir) os DAIs e te devolve o que sobrar. Entre tudo isso tem uma taxa de estabi-lidade paga por quem "pega" os DAI, que faz com que o preço do DAI fique sempre próximo do 1:1 com o dólar.

Por exemplo, se essa taxa está alta, você tem incentivo para aumentar a quantidade de DAIs em circulação, o que faria com que seu preço em relação ao dólar caísse e voltasse para o nível próximo de 1:1. Tudo isso feito de um jeito distribuído e totalmente transparente.

Olhando um pouco menos para a tecnicidade, o que o MakerDao permite é que com o depósito de uma garantia tenhamos acesso à liquidez. Por inúmeras razões podemos não querer ou poder vender determinado token, mas necessitamos de liquidez, então vamos lá e depositamos o token, criamos DAI e, automaticamente, temos um token aceito em todo o ambiente de DeFi, que manterá a paridade de 1:1 com o dólar. Por enquanto, vamos assumir que o DAI tem essa paridade de 1:1; mais à frente discutiremos os tipos de Stablecoins, seus riscos e incentivos.

Ao analisar o funcionamento do MakerDao, é quase automático traçar paralelos com o mercado financeiro tradicional, certo? A comparação mais óbvia é com os empréstimos imobiliários, onde oferecemos nossa casa como garantia para obter um empréstimo e pagar ao vendedor. Mas quais são as diferenças entre esses dois sistemas? Aqui estão algumas que identifico:

1. **Transparência e impessoalidade**: Empréstimos bancários tradicionais não são transparentes nem impessoais. A taxa e o montante que alguém pode obter variam consideravelmente. Por exemplo, para cada cem unidades de ativo depositado, como o valor de um imóvel, uma pessoa pode ter direito a um empréstimo de oitenta, enquanto outra só consegue sessenta. As taxas também variam. No MakerDao, essa discrepância não existe. O valor do colateral é definido por ativo. A informação sobre o custo e a porcentagem de colateral para cada token depositado é pública, assim como todas as transações realizadas, graças à transparência da Blockchain.

2. **Comparação de ofertas**: No sistema tradicional, não é fácil determinar qual banco oferecerá o melhor percentual e taxa. A solução é consultar vários bancos, enviando documentação para todos, um processo demorado e trabalhoso.

4. DEFI: MOSTRANDO O CAMINHO E AS VANTAGENS DA TOKENIZAÇÃO 75

3. **Impessoalidade na aprovação**: Em alguns casos, mesmo que alguém deposite cem unidades e queira um empréstimo de apenas vinte, o banco pode recusar. No MakerDao, como o empréstimo é feito para uma chave pública, não é necessário saber quem está por trás da transação, pois as regras são predefinidas e executadas automaticamente.

4. **Burocracia**: O processo bancário tradicional exige um relacionamento prévio, abertura de conta, análise de documentos, entre outros, tornando-o burocrático, lento e, consequentemente, caro. No MakerDao, após depositar o colateral, o usuário já tem direito a retirar os DAIs conforme os percentuais estabelecidos.

5. **Globalidade**: O processo tradicional varia conforme o local do empréstimo. Por exemplo, as regras para um cidadão brasileiro que deseja um empréstimo no Brasil são diferentes das aplicadas na Alemanha ou nos Estados Unidos. Blockchains públicas, como a Ethereum, operam globalmente, sem essa distinção geográfica.

MakerDao nos oferece a capacidade de depositar um ativo digital (token) e, em troca, obter outro, segundo uma proporção preestabelecidas.

Agora, imagine se, no futuro, esse ativo digital depositado fosse um token representando um imóvel? E se, ao invés de gerarmos DAI, produzíssemos um token supervisionado pelo governo, equivalente às moedas tradicionais (CBDCs)?

Se essa ideia realmente pegar, e olhando para a onda crescente de tokenização de ativos, parece que sim, podemos estar prestes a ver uma explosão em empréstimos com base em colaterais. Estes seriam processados de forma ágil, conveniente e transparente, eliminando a necessidade de múltiplos intermediários e os custos associados aos empréstimos imobiliários tradicionais.

Optei por começar pelo aspecto mais complexo para poderem captar o potencial transformador do DeFi.

No caso do MakerDao, temos mais do que apenas um protocolo que facilita empréstimos. Na verdade, trata-se de um protocolo que, para viabilizar empréstimos, emite um token que busca paridade com o dólar.

Há exemplos mais simples de empréstimos usando tokens como garantia, realizados por meio de plataformas como a Aave ou Compound. Nestas você simplesmente deposita um token em um de seus "pools", com o direito de retirar outro, seguindo regras e percentuais estabelecidos pelo protocolo. Vale destacar que, no início de 2022, a Aave lançou o Aave Arc, um "fork" da Aave voltado ao mercado institucional, abordando questões como KYC (Know Your Costumer), demonstrando que o encontro entre essas funcionalidades de DeFi e o mercado financeiro tradicional está em andamento.

Embora empréstimos colateralizados – ou melhor, sobrecolateralizados, onde o valor dado como garantia supera o valor do empréstimo – sejam uma realidade consolidada no DeFi, ainda enfrentamos desafios para viabilizar empréstimos não colateralizados nesse ambiente. A principal barreira aqui é a anonimidade das carteiras. Sem saber quem está por trás delas, como confiar que o dinheiro será devolvido? Como assegurar que o token emprestado retornará com os juros acordados?

A solução para esse impasse parece estar na resolução da questão de identidade. O conceito de Soulbound Token surge nesse sentido, assim como a iniciativa Worldcoin, que conta com o respaldo de Sam Altman, CEO da OpenAI – a empresa por trás do ChatGPT.

4.2 DEX – futuro das Bolsas e corretoras?

Um pilar importante de DeFi são as DEX (Descentralized Exchanges, ou exchanges descentralizadas, em tradução livre). Uniswap e Curve são os principais expoentes aqui.

Vamos pegar a Uniswap como exemplo, cujo desafio que se colocava era: como possibilitar a criação de um marketplace de tokens, distribuído e totalmente transparente, de tal forma que fosse possível dentro da rede da

Ethereum trocar todo e qualquer token por todo e qualquer token sem ter que ter um terceiro de confiança?

A abordagem tradicional adotada pela maioria das exchanges centralizadas é por meio do livro (book) de ordens. Nele, compradores e vendedores inserem suas ofertas. Quem deseja comprar ou vender, simplesmente realiza a operação. Essa transação é sempre intermediada pela exchange central, que assume o risco de não recebimento. Para se proteger, ela estabelece mecanismos de margem de garantia para todos os participantes. Assim, quando você realiza uma compra ou venda, não tem conhecimento de quem está na outra ponta da transação. Esse modelo é o utilizado pela maioria das bolsas do mercado financeiro tradicional também, como B3 e Nasdaq.

Ao introduzirmos a descentralização no contexto das exchanges, a complexidade aumenta. Isso porque não existe uma entidade central para gerenciar o livro de ofertas e atuar como contraparte nas transações.

A solução inovadora para esse desafio veio da Uniswap, atualmente a maior DEX. Ela inspirou muitos outros empreendedores que, aproveitando seu código aberto, criaram suas próprias DEXs com poucas modificações. Em um ambiente de DeFi (Finanças Descentralizadas), essa prática é comum e até esperada.

A Uniswap introduziu os chamados "pools de liquidez" e o mecanismo de AMM (Automated Market Maker). Imagine duas piscinas interligadas (pools de liquidez), uma com 1.000 ETH e outra com 2.000.000 USDC (preço de 1 ETH = 2.000 USDC). Se alguém quiser comprar 10 ETH, retirará 10 ETH da primeira piscina e depositará 20.000 USDC na segunda. O AMM ajusta os preços conforme a demanda e oferta, e utiliza Oracles para refletir o preço atual do mercado.

Um desafio é atrair investidores para depositar seus tokens nesses pools de liquidez. A Uniswap resolveu isso recompensando os provedores de liquidez com uma parte significativa das taxas de transação. Isso atraiu muitos investidores, resultando em pools com bilhões de dólares.

No entanto, a Uniswap evoluiu. Na sua terceira versão (v3), ela otimizou a remuneração dos provedores de liquidez, possibilitando que a liquidez nos pools possa ser colocada por intervalos, tornando o sistema mais eficiente em termos de alocação de capital. Mas isso também intensificou um problema conhecido como impermanent loss, além de agregar complexidade.

Impermanent loss refere-se à diferença de valor que um provedor de liquidez pode incorrer ao depositar tokens em um pool de liquidez, comparado a se simplesmente mantivesse os tokens em sua posse. Essa "perda" pode ocorrer quando o preço de um token no pool muda em relação ao outro, e passa a se chamar "impermanente" porque a perda só se concretiza quando o provedor decide retirar seus tokens do pool.

A grande vantagem da Uniswap é sua flexibilidade. Ela permite a troca de um token por outro, sem intermediários. Em contraste, nas Exchanges centralizadas (CEX), se um par listado é ETH/USDT e você quer trocar ETH por USDC, são necessárias duas operações. Além disso, a Uniswap é descentralizada, permitindo que qualquer um crie um pool para qualquer token, sem necessidade de aprovação.

Todas as transações na Uniswap são não custodiais, com interações diretas entre comprador e vendedor, facilitadas por Smart Contracts. Estes garantem a transferência simultânea de ambos os tokens. No entanto, os provedores de liquidez precisam transferir a custódia de seus tokens para o pool da Uniswap para compartilhar as taxas de transação.

Dediquei-me a explicar o funcionamento da Uniswap para, em seguida, discutir as inovações que estão surgindo. O grande desafio de toda DEX é atrair provedores de liquidez e clientes. Os incentivos podem variar, mas geralmente envolvem uma alocação de capital e uma porcentagem da receita gerada pelo protocolo.

Hoje, a maioria das taxas de transação coletadas na Uniswap é revertida para os provedores de liquidez. Com a crescente digitalização e tokenização das moedas, vejo as DEXs como uma maneira de trabalhadores globais converterem seus pagamentos nas moedas de sua escolha, seja em criptomoedas ou em moedas fiduciárias digitalizadas. E isso sem mencionar uma DEX associada a um sistema mantido por um Banco Central, como o Drex.

4.2.1 Stablecoins e DEX como uma forma muito eficiente de fazer câmbio

Após entender como funcionam os mecanismos de AMM e pools de liquidez, vamos agora entender como isso pode mudar o mercado de câmbio.

Hoje em dia, temos várias Stablecoins vinculadas ao dólar nas Blockchains públicas. Isso é ótimo quando queremos trocar tokens mais instáveis, como BTC ou ETH, por algo mais estável e que represente uma moeda fiduciária. Mas, se a ideia é fazer operações de câmbio em DEX, é fundamental ter representações de outras moedas nesse espaço.

Hoje esse é um dos gargalos que ainda enfrentamos. A segunda moeda fiduciária, o euro, tem pouquíssimas iniciativas e nenhuma com muita tração. A primeira, em termos de tokens emitidos, é a Stasis Euro (EURS) com um valor emitido na casa dos USD 125 milhões, contra mais de USD 60 e USD 40 bilhões, emitidos de USDT e USDC, respectivamente. Apesar de o valor emitido ser um parâmetro, o melhor a se olhar aqui é a **liquidez**, já que, mesmo com pequenos valores emitidos, pode-se ter um mercado onde esse ativo gira inúmeras vezes o valor emitido diariamente. Isso também não é o caso. O volume negociado de EURS ronda a casa dos USD 2 milhões por dia, enquanto o USDC fica na casa dos USD 4 bilhões.

Outra Stablecoin de euro é a EUROC, que começou a ser emitida pela Circle, emissora do USDC, em meados de 2022, mas que, até o momento em que escrevo, tem um volume muito pequeno.

Se fôssemos comparar com o mercado mundial de câmbio spot, deveríamos ter o volume de euro nesse mercado de, aproximadamente 1/3 do volume de dólar. Ou seja, tem muito espaço para crescer. A razão para isso pode vir do fato de as stablecoins **ainda** não serem reguladas e, portanto, não poderem participar da maioria das operações de câmbio que envolvem trocas de serviços e produtos. Mais uma vez, o destaque aqui foi para o "ainda" da última frase, e creio que farei essa observação várias outras vezes. Em se tratando de economia digital, tudo é uma questão de tempo para se consolidar, ou ser implementado.

Note que estamos discutindo apenas sobre a segunda maior moeda do mundo, o euro. Quando observamos moedas de menor expressão, como o real do Brasil, os valores emitidos e negociados são extremamente baixos, seja analisando individualmente, seja em comparação com a representatividade do BRL no mercado de câmbio à vista.

Um dos fatores que podem estar influenciando é o risco de crédito do emissor. Talvez "risco de crédito" não seja a terminologia mais adequada, mas ilustra bem a ideia. Refiro-me ao risco de as Stablecoins de determinada moeda não possuírem o lastro necessário para manter a proporção 1:1. Como a maioria das iniciativas é centralizada e tem conexões com o mercado tradicional, ou seja, off-chain, validar suas reservas torna-se um desafio. A ausência de regulamentação clara para muitas delas complica ainda mais o cenário. Claro, isso afeta mais quem decide manter essas moedas em suas carteiras do que aqueles que as utilizam apenas para câmbio, mas ainda assim é um ponto de atenção.

Das iniciativas que tenho acompanhado, a Circle, que conta com a participação da Coinbase e é a emissora do USDC e EURC, parece estar mais alinhada com os reguladores e os requisitos legais emergentes para esse mercado. Em um relatório da Circle que analisa os anos de 2018 a 2022 do USDC, alguns dados me chamaram a atenção. Por exemplo, mais de 70% dos USDCs não estão em exchanges e mais de 15% das transações de USDC ocorrem entre carteiras individuais. Isso sugere que o USDC pode estar sendo utilizado para transações relacionadas a produtos ou serviços no mercado off-line.

Mas, resumindo essa primeira parte, observamos que, exceto pelas Stablecoins de dólar, as demais ainda têm uma participação tímida no universo cripto.

No que diz respeito ao local de negociação, já temos um ambiente bem estabelecido. Seja por meio de Exchanges centralizadas (CEX) ou descentralizadas (DEX), temos plataformas de negociação de tokens e Stablecoins movimentando bilhões. É válido mencionar que, no caso das CEX, existe o risco de situações como a ocorrida com a FTX, uma das maiores CEX do mercado cripto e que foi à falência no final de 2022. Mas, se a ideia é usar essas plataformas apenas para negociação, esse risco é minimizado. Algumas CEX estão desenvolvendo sistemas de negociação não custodiais, permitindo a negociação de ativos sem a necessidade de transferi-los para a custódia da Exchange, o que minimiza esse risco.

Um estudo acadêmico de início de 2023, que analisou as trocas entre USDC e EURC em uma DEX (Uniswap) durante o último trimestre de 2022, destacou-se para mim. Apesar do volume de negociação ainda ser modesto, a correlação entre as taxas de câmbio do mercado de Stablecoins e suas contrapartes fiduciárias foi significativa. E aí entram todas as vantagens da Blockchain: operação 24/7, desintermediação, liquidação, registro e rastreamento automáticos, transparência total nos preços e, o melhor de tudo, custos quase nulos. Comparando uma transação de câmbio tradicional com uma via Stablecoins e DEX, os custos podem ser drasticamente reduzidos.

O que percebo ao analisar estudos como esse é que não estamos mais falando de um mercado experimental, mas, sim, de um mercado entrando em sua fase exponencial. A regulamentação dessas Stablecoins, possivelmente baseada na legislação americana, está vindo a galope. Singapura já tomou a dianteira, com sua Autoridade Monetária (MAS) publicando diretrizes para emissões de Stablecoins em agosto de 2023 e espera-se que a implementação da MiCa (Markets In Crypto Assets Regulation), a regulamentação europeia que se iniciou também em 2023, traga impulsos significativos nesse mercado.

A discussão sobre CBDCs pode acelerar ou retardar esse processo, já que, de certa forma, Stablecoins e CBDCs competem nesse ambiente. A vantagem das CBDCs é que, sendo emitidas pelo Banco Central, não precisam comprovar reservas.

Apesar dessa possibilidade, não apostaria muito nela. Os modelos que parecem mais promissores atualmente combinam CBDCs de atacado e Stablecoins de varejo, como o proposto para o Drex. Nesse modelo, todos teriam uma Stablecoin regulada pelo Banco Central. Onde e como essa Stablecoin poderá ser transacionada são questões cruciais, pois envolvem privacidade, câmbio e toda a regulamentação de KYC e prevenção à lavagem de dinheiro, mas isso é assunto para tratarmos mais para frente.

Em resumo, no que se refere ao câmbio, se tivermos duas Stablecoins ou CBDCs listadas em determinada Blockchain, isso já possibilita trocas entre esses dois tokens, representando uma operação de câmbio. Com Stablecoins e DEX, teríamos operações mais transparentes, baratas, automáticas e disponíveis 24/7. A capacidade técnica para isso já existe, mas ainda precisamos de regulamentação. Vejo isso como uma questão de tempo, especialmente com projetos como o Drex do BCB, que nasce compatível com EVM e, portanto, pode importar grande parte desses protocolos e funcionalidades de DeFi para sua rede.

Faremos câmbio via Stablecoins e DEX em uma Blockchain pública não permissionada ou em uma controlada pelo governo, como o Drex do BCB? Acredito que faremos nos dois. DeFi sempre rodará em Blockchains públicas que continuarão inovando e desafiando os reguladores a saírem de sua zona de conforto.

4.3 DEX de derivativos – futuro das Bolsas de derivativos?

Como exploramos anteriormente, as DEX (Decentralized Exchanges) representam um pilar crucial no universo DeFi, proporcionando aos usuários um meio descentralizado para trocar tokens entre si. Enquanto essa prática já está solidificada no mercado spot, ou seja, troca de tokens à vista, observo um crescimento considerável de iniciativas que envolvem o mercado de derivativos.

Isso é importante porque hoje no mercado financeiro tradicional a movimentação de derivativos é extremamente relevante e em alguns setores de mercado maior do que a movimentação que temos no mercado spot.

4. DEFI: MOSTRANDO O CAMINHO E AS VANTAGENS DA TOKENIZAÇÃO   83

Um exemplo é o próprio Brasil, com a formação de sua taxa de câmbio no futuro de dólar negociado na B3. Outro exemplo vem do relatório trianual do BIS, que coloca que, em abril de 2022, só o mercado de derivativos de taxa de juros OTC (Over-the-Count) registrava um volume de negociação diária de $ 5,2 trilhões.

Quando olhamos para DeFi em busca de DEX de derivativos, uma das mais antigas e principais DEX é a DYDX[11], que tem derivativos perpétuos e está na rede Ethereum.

A principal dificuldade de se criar uma exchange se refere a como conseguir, de um lado, os provedores de liquidez e, de outro, os clientes para operarem lá. Isso vale para igualmente para as DEX de spot e de derivativos.

Os incentivos para os dois podem ser vários e, no caso dos provedores de liquidez, os modelos mais testados dos últimos anos envolvem sempre uma alocação de capital e em reciprocidade um percentual da receita gerada pelo protocolo. Mesmo no caso de protocolos que têm seu próprio token de governança, como o UNI da Uniswap, a maioria da receita gerada por essas plataformas vai para o provedor de liquidez e não o detentor do token de governança.

No caso dos incentivos para os clientes operarem nelas, esses passam por facilidade de transações, preços mais baixos e possibilidade de automações de processos.

Em 2021, um novo modelo, posteriormente chamado de "Real Yields", começou a chamar a atenção de quem acompanha DeFi. Um dos primeiros exemplos de como funciona esse modelo de Real Yields vem da plataforma GMX.[12]

GMX é uma DEX de futuros no ambiente da Avalanche e Arbitrum (Layer 2 da Ethereum).

Inicialmente, a GMX foi lançada com dois tokens, um de provedor de liquidez (GLP) e outro de governança (GMX). No caso do primeiro token,

---

[11] DYDX. Disponível em: https://dydx.exchange/.
[12] GMX. Disponível em: https://gmx.io/#/.

ao invés de você prover liquidez para um pool de liquidez, como no caso da Uniswap, você provê liquidez para um índice que é composto por cerca de oito ativos e é rebalanceado semanalmente. Você pode prover liquidez em qualquer um dos oito ativos, a diferença é que o fee é maior para ativos que estão com um percentual acima do que é estipulado pelo índice.

O valor do GLP segue o valor do índice (que, por consequência, segue o preço dos ativos que o compõem) acrescido de 70% dos fees coletados pela plataforma e pelo resultado dos ganhos/perdas dos traders que utilizam a plataforma.

Os outros 30% dos fees vão para os detentores de GMX, sendo o token de governança.

Vamos analisar agora os dois tokens, começando pelo GMX. O comprador desse token está adquirindo o que considero ser muito similar a uma ação dessa empresa, ou melhor dizendo, dessa plataforma. O GMX tem emissão limitada e paga ao seu detentor um "dividendo" que é equivalente a 30% do resultado bruto dele. Se a plataforma continuar a progredir e tiver sucesso, não será difícil visualizar esse token subir bem. Por outro lado, se isso não ocorrer, a queda poderá ser grande.

Quanto ao GLP, ele é uma forma engenhosa para que os provedores de liquidez possam gerar lastro para as operações que a plataforma faz. Diferentemente do modelo de negociação da Uniswap, onde a compra de um agente é a venda de outro, aqui, todos atuam contra a plataforma, de tal maneira que possa haver mais **comprados** que **vendidos** em determinados momentos, e o GLP é como se fosse o buffer para isso.

Uma taxa (Borrow Fee), que é proporcional ao tamanho relativo das posições totais, faz aqui o papel de balizador, atraindo vendedores para futuros que estejam desbalanceados para o lado dos compradores e vice-versa. Se há mais posições vendidas que compradas, os vendidos pagam essa taxa para os comprados; por outro lado, se há mais posições compradas que vendidas, os comprados que pagam para os vendidos.

Outro elemento crucial nesse cenário são os "keepers", programas que monitoram constantemente todas as posições de cada agente. Eles verificam se algum agente precisa ser liquidado por ter alcançado a perda máxima em relação à margem depositada. Nesse processo, os Oracles de preço são essenciais.

O modelo da GMX para derivativos atrai muitos adeptos e cria esse movimento de "Real Yield" dentro de DeFi. O curioso é que se analisarmos pelo ponto de vista de investimento em inovação, é um modelo de negócios onde o investidor já começa a receber dividendos logo no começo, no caso do GMX, o que não é nada esperado quando estamos investindo em inovação. Por esta perspectiva, é bastante interessante, não é?

Em 2023, a GMX alterou um pouco esse modelo, migrando para a inclusão de pools específicos de liquidez. As principais razões para isso estão na dificuldade de os provedores de liquidez fazerem o hedge de exposição do GLP e, consequentemente, terem o Pnl (Profit/Loss) correto e a restrição que ele impunha à GMX para lançar derivativos de outros tokens que não os oito presentes no GLP.

Outro modelo um pouco diferente é o da GNS[13], que é outra DEX de derivativos no ambiente da Polygon e Arbitrum (Layers 2 da Ethereum) e que começou com uma a novidade de um pool de liquidez constituído unicamente por uma Stablecoin, a DAI, e que pretende ter listagem de derivativos de quase tudo.

Hoje, já tem parte considerável do seu movimento que vem de trades de derivativos de moedas Fiat (GBP, EUR, USD etc.) e está começando a haver alguma liquidez nos derivativos de ações (Apple, por exemplo).

Além disso, ela tem um conjunto de Oracles que parece ser mais eficiente na tomada de preços e que pode ajudar bastante em questões como Slippage, que é o quanto o preço da transação desviou do preço previsto pelo algoritmo de AMM.

A inovação da GNS vem de dar uma alavancagem de até 150 vezes no caso de derivativos de crypto e até mil vezes no caso de derivativos de moedas, com um UX muito intuitivo e interessante.

---

[13] GNS. Disponível em: https://gainsnetwork.io/.

O modelo deles é um pouco diferente do da GMX. Inicialmente, a GNS trabalhava com três vaults (que podemos simplificar como sendo um "fundo", então, no caso, três fundos) para prover liquidez e segurança para a plataforma, além de ter lançado uma série de NFTs para aumentar o percentual de desconto nas fees. Quanto ao retorno das fees da plataforma, essas revertem para o detentor do token GNS que é o token de governança deles.

No decorrer do seu desenvolvimento, a GNS acabou mudando um pouco o modelo, migrando para ter o seu token, o GNS, como sendo o que dá garantia para as operações e descontinuando os pools que envolviam o DAI.

Vale lembrar que a ideia deste capítulo – e deste livro como um todo – é trazer para discussão novos modelos de negócio e inovações e não fazer recomendação de investimento. Ambos os protocolos descritos acima, e vários outros que menciono por aqui, estão em fases muito iniciais e, portanto, carregam um enorme risco.

As DEX de derivativos, assim como as DEX de spot, apresentam modelos de negócio interessantes e com melhorias de eficiência em relação ao que vemos no mercado financeiro tradicional, e devem ser intensificadas. Ambos os modelos enfrentam desafios e essa busca por provedores de liquidez e clientes para operar será constante.

Diferentemente dos modelos do mercado tradicional onde a regulação auxilia na concentração de liquidez ao obrigar determinados ativos a serem negociados somente em determinados ambientes, em DeFi isso não está presente, fazendo com que esse foco na usabilidade e novas formas de conseguir isso sejam primordiais. E esse é um dos desafios e das belezas de DeFi. Proporcionar soluções que se adequem aos usuários de forma autônoma traz grandes desafios e recompensas para quem consegue. O que tenho visto são testes bem interessantes, como os que descrevi acima.

Agora que já analisamos modelos de DEX que trazem inovações para a negociação de ativos e derivativos, vamos dar uma olhada no que existe em DeFi relativo à indústria de fundos de investimento.

4.4 Gerenciando tokens via DeFi – futuro da indústria de fundos?

Um dos maiores setores de investimentos do mundo é a indústria de fundos. Todos nós, que já investimos alguma coisa no mercado, possivelmente já o fizemos via fundos. Nos Estados Unidos, por exemplo, um dos maiores captadores de investimentos dos últimos anos são os ETFs (Exchange Traded Funds), que em tradução livre são fundos de investimentos com cotas negociadas em bolsa.

No Brasil, os investimentos em fundos somam mais de R$ 8 trilhões (~ $ 1,6 trilhão), em meados de 2023, e respondem por parte significativa da poupança dos brasileiros. Nos Estados Unidos, somente em ETFs temos algo como $ 6,5 trilhões investidos. Ou seja, uma indústria grande e consolidada, mas que, à exceção dos ETFs, tem tido poucas inovações recentemente.

Com isso em mente, vamos agora dar um salto em DeFi para compreender o que está sendo testado nesse setor. Para isso, vou usar o exemplo da Enzyme, um protocolo de gestão de tokens on-chain.

A partir disso é possível criar um vault com as características que quiser, incluindo, mas não limitando, a taxa de administração e performance, taxa de saída, prazo de saída, aberto ao público ou limitado a investidores conhecidos e ativos permitidos para aplicação e resgate. Esse vault emite um token ("cotas do fundo") que tem seu valor de mercado atrelado a todos os ativos que ele contém. O investidor do "fundo" recebe esse token que é sua "cota" e pode custodiá-lo na sua carteira, assim como o faz com Bitcoin ou Ether. Para fazer tudo isso, a plataforma cobra 0,25% sobre o valor gerido e nada mais.

Em termos de gestão, esse fundo pode comprar vários ativos (tokens) na rede Ethereum ou Polygon negociando através das DEX (exchanges descentralizadas), com todos seus ativos, cálculos e até o token das "cotas do fundo" on-chain, o que significa que há total transparência sobre seus ativos e preços. O valor do token da cota está disponível para consulta a qualquer momento. Isso significa que posso verificar on-line o valor do meu investimento instantaneamente, sem ter que esperar até o dia seguinte, como acontece com os fundos brasileiros, ou até o próximo mês, como é comum em muitos fundos americanos.

Outro ponto interessante é que a negociação no mercado secundário do token referente às "cotas do fundo" é nativa da Blockchain pública, o que faz com que esse token nasça com atributos dos ETFs, ou seja, possa ser negociado no mercado secundário, assim que criado. Apesar de isso ser nativo, há aqui um fator de AML/KYC que precisaria ser observado, mas que poderia ser endereçado via regulamentação e limitação de negociação somente em algumas plataformas e não totalmente livre, entre outras sugestões.

Isso tudo é espetacular, mas ainda não acabou! A criação desse "fundo" na plataforma da Enzyme não demora mais do que o tempo necessário para que você defina os parâmetros que quer. No caso do que criei, esse processo demorou quinze minutos. Acabei não mencionando o tempo necessário para se criar um fundo no mercado financeiro tradicional, que pode ir de algumas semanas – se você já tem a estrutura da gestora definida e o país onde esse fundo estará –, há alguns meses – caso vá começar tudo do zero. Por experiência própria posso dizer que é quase impossível deixar tudo operacional em menos de seis meses. Mas na Enzyme é possível fazer tudo em quinze minutos!

Resumindo: por meio dessa plataforma, **já** conseguimos criar um "fundo de investimentos" (ou seria melhor defini-lo como ETF?) em quinze minutos com cálculo de cotas a cada segundo, com transparência total sobre os ativos (o que o torna automaticamente auditável) através do qual consigo gerir uma carteira de tokens com custo praticamente zero. Incrível, não é?

Ao começar a analisar esse caminho de gestão on-chain de ativos (tokens), que acredito ser o futuro da gestão de ativos, dado que tudo será tokenizado, me deparei com inúmeras iniciativas que já estão testando os mais diversos modelos. A Syndicate[14], por exemplo, já até auxilia na

---

[14] Syndicate. Disponível em: https://app.syndicate.io/.

estrutura jurídica necessária para ficar "acima" do token da "cota" do fundo. A Nested[15] é outra que está atuando nesse segmento.

Agora, imagina quando tivermos tudo tokenizado? Títulos públicos, ações, imóveis, dinheiro. Como ficarão todos esses intermediários existentes hoje? E isso está "logo ali"; como veremos mais adiante. O piloto do Drex considera não só a tokenização da moeda, mas também fará testes com a tokenização de um título público. Uma das grandes promessas de Blockchain é a de eliminar intermediários. Esse caso da gestão de ativos é emblemático e não tenho dúvidas de que a utilização dessa tecnologia mudará essa indústria profundamente.

Apesar dessas soluções de gestão on-chain de ativos ser fenomenal, elas também trazem alguns desafios como, por exemplo, a questão da transparência total. Para os gestores, principalmente os grandes, essa transparência total poderia gerar muito front running. Será que há formas de resolver isso mantendo tudo on-chain?

Outro ponto é que todas as plataformas que testei limitam os ativos que podem ser comprados, seja por conta do custo dos cálculos on-chain, seja por conta das fontes de preço dos ativos (Oracles de preço). Como tornar isso ilimitado? Limitação por Blockchain também é uma questão. Como emitir um token de "cota" com ativos em várias Blockchains? Quando teremos um regulador que aceitará um token desses sendo mais transparente e seguro, mesmo tendo zero intermediários? Como dar transparência para fundos que tenham ativos on-chain e off-chain sem prejudicar a transparência, precificação e auditoria?

O foco central deste livro é a tokenização da moeda, que se destaca como o primeiro e mais crucial token neste novo universo em que tudo será convertido em tokens. Embora estejamos apenas começando, a gestão de ativos tokenizados também está em seus estágios iniciais.

Há ainda muita coisa a ser feita e testada, mas casos como os descritos acima já demonstram o rumo que se está tomando.

---

[15] Nested. Disponível em: https://nested.fi/.

90 A TOKENIZAÇÃO DO DINHEIRO

A seguir será a hora de olhar inovações em DeFi que não são possíveis nos sistemas atuais do mercado financeiro tradicional, afinal de contas, a ideia não é somente copiar e melhorar e, sim, trazer soluções inovadoras para os desafios.

4.5 DeFi 2.0 e streaming de dinheiro

A história de DeFi (Decentralized Finance) nos últimos anos tem sido a de trazer para dentro do ambiente de Blockchain e cripto os produtos e serviços que já existem no mercado financeiro tradicional.

Soluções inovadoras foram desenvolvidas, combinando simplicidade e complexidade com um modelo de negócios focado no alinhamento de interesses. Um exemplo notável é a abordagem da Uniswap, que introduziu um sistema permitindo aos usuários criar e fornecer liquidez para diversos pares de negociação. Com a ajuda do AMM (Automated Market Maker), foi possível estabelecer as exchanges descentralizadas (DEX). A Compound[16], por sua vez, desenvolveu um mecanismo para emitir de forma descentralizada uma Stablecoin atrelada ao dólar (DAI), usando colaterais e arbitragem de terceiros para assegurar a paridade com o dólar. Outras inovações incluem a Aave com suas propostas de investimento e empréstimo, a Opyn[17] e a Pods[18] no campo dos derivativos, e a Armor[19] no segmento de seguros, entre outras.

E olha que aqui só me referi às soluções criadas na rede Ethereum. Hoje temos soluções similares, muitas até cópias do código dessas citadas acima, em praticamente toda rede de Blockchain pública.

Ou seja, já é possível encontrar em DeFi todos os produtos do mercado financeiro tradicional. Claro que muitos desses protocolos e processos estão em seus estágios iniciais, muitos têm menos de dois anos de

---

[16] Compound. Disponível em: https://compound.finance/.

[17] Opyn. Disponível em: https://www.opyn.co/.

[18] Pods. Disponível em: https://www.pods.finance/.

[19] Armor. Disponível em: https://armor.fi/.

existência, mas, pelo volume e pela velocidade com que tudo está se desenvolvendo, abre espaço para um voo maior.

E que voo é esse? Em qual direção?

Para mim, é rumo à criação de produtos e soluções que só poderão ser feitas nesse mercado. Devido à demora em atualizar regulamentações e processos, às peculiaridades regionais e à tecnologia ultrapassada, o mercado financeiro tradicional enfrenta desafios para replicar esses produtos inovadores. Para ilustrar melhor, veremos alguns exemplos.

Uma das discussões que já existem há um tempo sobre DeFi é a que se coloca sob a alcunha de Money Streaming. Qual é a ideia? Bem, um novo bloco da rede Ethereum é registrado a cada, aproximadamente, quinze segundos, o que faz com que seja possível registrar uma operação de transferência entre duas carteiras a cada janela dessas.

Agora pense em um caso simples de recebimento de salário que todos os trabalhadores têm e hoje é mensal. Sem muito esforço daria para fazer um pagamento proporcional do salário a cada quinze segundos. Dessa forma, a pessoa, ao invés de receber uma vez por mês, receberia a cada quinze segundos. Indo além, não é difícil condicionar esse pagamento ao cumprimento de uma tarefa (se fizer x, recebe uma parte, senão não). Com isso, uma coisa que hoje é tradicionalmente mensal pode ficar 100% atrelada ao cumprimento de tarefas. Esse é um exemplo de uso em um mundo em que estamos cada vez mais digitais e as relações de trabalho estão cada vez menos atreladas ao tempo físico que permanecemos no escritório e mais ao trabalho que realizamos.

Voltando ao mercado financeiro tradicional, daria para fazer isso? Dá para programar um PIX a cada quinze segundos? Acho que tecnicamente deve até dar, mas imagina o trabalho e a complexidade disso. Na Ethereum, e na maioria das redes de Blockchain públicas, isso já é nativo.

Outra maravilha da inovação é que, com certeza, já tem alguém por aí pensando ou experimentando um uso para o Money Streaming que nem sequer passou pela minha cabeça. E quando eu descobrir, vou ficar fascinado com a solução. As oportunidades desencadeadas por isso são imensas.

Outras iniciativas que têm me interessado são as relativas ao financiamento desses projetos e como eles estão fazendo para criar reservas de valor lastreadas. São os experimentos iniciados pela OlympusDao[20]. Ela emite um token lastreado (OHM) com um mecanismo de estabilização de preço via aumento e diminuição da quantidade de tokens e pagamento de juros aos fornecedores de lastro.

Essa iniciativa, que muitos consideram o começo do DeFi 2.0, teve uma "hype" muito grande no quarto trimestre de 2021, e fez com o que o valor do token lastreado fosse a mais de dez vezes o valor do lastro, o que gerou até conversas e discussões se ele era, ou não, um caso de pirâmide financeira. Desde então, o OHM enfrentou muitos desafios e, em 2022, teve uma queda significativa no preço, ajustando-se para um valor mais alinhado ao 1:1 com o lastro depositado. No entanto, ele permanece vivo e progredindo.

O OHM se autodenomina uma moeda de reserva descentralizada, pois não está atrelado a uma moeda fiduciária e opera de forma descentralizada e transparente. No entanto, devido à volatilidade inerente ao seu mecanismo de ajuste, é desafiador vê-lo atualmente como uma reserva de valor. Será que isso mudará no futuro? Só o tempo dirá. O que é certo é que ela apresenta uma abordagem fascinante para a gestão de liquidez. Vale destacar que é um dos raros protocolos DeFi que adotam juros exponenciais, comuns no Brasil, mas não para moedas como USD e EUR. Isso torna o experimento ainda mais interessante.

No caso do OlympusDao, daria para replicar o seu mecanismo no mercado financeiro tradicional? Até daria, mas imagina a dificuldade de criar formas de pagamento de juros exponenciais em USD, de vender um ativo com desconto para entrega futura (Bonding) e de pagar juros para os investidores que aplicarem esse ativo contigo (Staking), tudo 24/7, feito de qualquer lugar do mundo?

Acompanho esses e outros casos que mostram a direção para a qual os mercados tradicionais estão migrando, e isso me deixa muito animado.

---

[20] OlympusDao. Disponível em: https://www.olympusdao.finance/.

Para mim, DeFi é uma excelente bússola que indica as futuras possibilidades e a direção para a qual devemos nos encaminhar. Seu ambiente aberto, global e não regulado é altamente propício à inovação e, em um futuro muito próximo, muitos dos testes bem-sucedidos realizados aqui serão incorporados pelos sistemas regulados. O Drex é um bom exemplo disso.

Todas essas inovações que aconteceram em DeFi tiveram no cerne de seu crescimento a utilização de Stablecoins; e é sobre essa relação de DeFi e Stablecoins que trataremos no capítulo seguinte.

4.6 DeFi e Stablecoins

Tendo como tema principal deste livro a tokenização da moeda, é importante analisarmos o papel que as Stablecoins têm no mundo de DeFi, que vejo como uma relação de completa simbiose, tal qual a afinidade que todas as estruturas de mercado financeiro tradicional que conhecemos hoje têm com a moeda.

Sem moeda, para que serviria o PIX? Qual a função dos bancos? Como faríamos transações no campo digital? Dada nossa capacidade de nos reinventar e ir adiante, acho que até que encontraríamos uma solução, mas não vejo **por que** faríamos isso. Assim, em DeFi temos a mesma situação, a representação da moeda nesse ambiente, dada em muitos aspectos pelas Stablecoins, se mostra uma parte muito importante. O crescimento – e por que não dizer existência? – de DeFi está intimamente ligado ao crescimento e à maior participação nesse mercado das Stablecoins.

Ter uma representação do dólar no universo das Blockchains públicas sempre foi um desejo comum. A primeira e mais proeminente representação é a Stablecoin Tether (USDT). Inicialmente, seu principal uso era evitar a constante transição entre o mercado financeiro tradicional e o mercado cripto quando se buscava refúgio de volatilidades cripto, como BTC e ETH, em uma moeda mais estável. Essa transição, até hoje, apresenta diversos desafios.

Com o tempo, as aplicações das Stablecoins evoluíram, dando origem ao DeFi. Se já possuíamos uma representação do dólar nesse ambiente, por que não investir usando-a? Ou obter empréstimos vinculados a ela? Como essas moedas são lastreadas em moedas fiduciárias (principalmente o dólar americano), torna-se simples comparar a rentabilidade de um investimento com, por exemplo, um título da dívida pública americana, avaliando se os riscos assumidos valem a recompensa potencial.

Desta forma, as Stablecoins criaram o ambiente propício para o DeFi prosperar. No próximo capítulo trataremos a respeito de Stablecoins e CBDCs.

5. AS NOVAS FORMAS DE MOEDA

5.1 Moedas privadas – Stablecoins

Na produção deste livro, revisitei alguns dos artigos que escrevi ao longo dos últimos anos e encontrei um de janeiro de 2019 no qual a frase final era uma pergunta: "Você já está preparado para comprar um token?". No artigo em questão, eu trazia a discussão entre tokens de modo geral e os tokens representantes de valores mobiliários e como isso afetaria a moeda.

Anos depois, é surpreendente perceber o quão relevante aquele artigo ainda é e como eu subestimei o tempo necessário para que tudo aquilo se concretizasse. Como digo muitas vezes, acertar o timing e o caminho é uma arte, e ao passo que o segundo, em geral, está claro para mim, o primeiro raramente está.

Nesse mesmo artigo coloco as Stablecoins como os tokens capazes de construir as pontes entre o mundo de mercado tradicional, que já está devidamente digitalizado, e o mundo das redes de Blockchain, ou seja, o mundo tokenizado.

As Stablecoins, ou moedas estáveis em tradução livre, são, em geral, representações no mundo de Blockchain de moedas fiduciárias tradicionais. O que se faz é emitir um token que tenha um mecanismo para ter seu preço pareado com o ativo ao qual ele definiu. Apesar de existirem Stablecoins atreladas a outros ativos, como ouro e grãos, por exemplo, para efeito de simplificação e padronização, usarei o termo "Stablecoin" para os tokens que têm por objetivo ser a representação de uma moeda fiduciária.

5.1.1 Tipos de Stablecoins

Existem várias formas de tentar obter essa representação de moedas fiduciárias no mundo de Blockchain, mas, de modo geral, temos quatro questões que devem ser consideradas:

1. A qual o ativo a que esse token será atrelado, ao Dólar, ao Real, ao Euro?
2. Terá colateral ou não e em que quantidade? Fiat, Cripto, token? Cem por cento colateralizada, sobrecolateralizada?
3. Qual o mecanismo utilizado para se buscar a paridade com o ativo base? Colateral, algoritmo, dois tokens, dívida?
4. Como serão obtidos os preços?

Para termos um ponto de partida, tomarei por base o ponto três citado acima e explicarei as possibilidades no que diz respeito aos demais.

Em relação ao mecanismo de funcionamento das Stablecoins, estes são quatro fatores:

1. Utilização de colateral no ativo base, que é o mais usual;
2. Criação de um mecanismo de estabilidade de preço via emissão e recompra de dívida;
3. Mecanismos que utilizem algoritmos;
4. Mecanismos que se utilizem de dois tokens.

Vamos a eles!

5.1.1.1 Stablecoins com base em colateral

Ter 100% de colateral na mesma moeda e com preço obtido via trades é a forma mais utilizada para se obter a paridade de uma Stablecoin com a moeda Fiat.

Neste modelo, a proposta é que o colateral – ou lastro, se preferir – seja ao menos equivalente ao valor dos tokens emitidos. Se possuímos USD 100.000 como lastro para essa Stablecoin, só podemos emitir no máximo 100 mil tokens. Assim, a ideia é que, se alguém desejar vender os tokens por USD, poderá receber ao menos o valor correspondente, garantindo a paridade 1:1 do token com o USD. Se houver mais colateral do que tokens emitidos, isso pode até ser percebido como uma vantagem, mas tudo depende da natureza do colateral.

Por exemplo, se o colateral for em dólares em conta-corrente e tivermos USD 100.000 em uma conta, com apenas 50.000 tokens emitidos, teoricamente (e muito provavelmente, na prática) esse token seria negociado a 2:1, ou seja, USD 2,00 para cada token. Isso não é o objetivo do emissor da Stablecoin, que busca uma relação o mais próximo possível de 1:1. O exemplo mais conhecido desse tipo de Stablecoin é o Tether[21] (USDT). Criado em 2014, o USDT é um token que tem como lastro o dólar e tem hoje um valor de mercado de aproximadamente USD 80 bilhões, o que o coloca como a terceira maior crypto por essa medida, perdendo somente para o Bitcoin e o Ether.

O valor do Tether em dólares almeja a paridade (1,00 USD / 1,00 Tether), dado que, conceitualmente, para cada Tether emitido, há a mesma quantidade de dólares em um cofre, mas, se observarmos o histórico de preços, vemos que essa relação não é tão estável quanto se esperaria. Isso se deu, em grande parte, por conta de dúvidas levantadas em relação à quantidade de dólares custodiados não ser a mesma de Tethers emitidos, e a dificuldade que tiveram em demonstrar isso.

O Tether foi uma Stablecoin bastante utilizadas pela Bitfinex, que chegou a ser uma das grandes exchanges de cripto nos idos de 2016 a 2018, e a ligação entre as duas vai além disso. Alguns relatórios colocam a Bitfinex como uma das empresas por trás da sua criação, o que não é de todo surpresa. Todas as corretoras de criptomoedas do mundo tiveram, em algum momento, dificuldades com contas nos bancos tradicionais, e ter uma Stablecoin com lastro em dólares facilita não ter que utilizar o sistema bancário tradicional para

---

[21] Tether. Disponível em: https://tether.to/.

acertar ajustes entre contas internas, além de fazer isso de forma mais rápida, transparente e auditável, do ponto de vista interno da empresa.

Muito se especulou – e ainda se especula – sobre a capacidade da Tether em comprovar que possui lastro suficiente para honrar seus compromissos, caso 100% dos detentores de USDT queiram trocá-los por USD. Nos últimos anos, vê-se um claro movimento da Tether em direção a uma maior transparência nesse aspecto. Quanto ao que está na Blockchain, podemos facilmente verificar. O desafio é entender a parte relacionada ao mercado financeiro tradicional, e é nesse ponto que a atenção tem se concentrado. Por meio da divulgação de relatórios periódicos, auditorias e outras medidas, tem-se buscado maior transparência em ambos os aspectos: o que está na Blockchain e o que pertence ao mercado financeiro tradicional.

No momento em que redijo este livro, observo que o USDT resistiu aos contratempos enfrentados pela UST em maio de 2022 e à volatilidade experimentada pelo USDC no primeiro semestre de 2023, devido ao percentual de reservas do USDC custodiado no Silicon Valley Bank. O USDT está retomando sua posição como uma das principais Stablecoins no mercado de Blockchain, tendo alcançado, no início de 2024, a marca de 100 bilhões de UsdTs emitidos.

A segunda Stablecoin mais expressiva e utilizada no mercado é a USDC, emitida pela corretora Circle, que conta com participação da Coinbase. Até o início de 2023, muitos acreditavam que ela era a mais segura e protegida dentre todas as Stablecoins, visto pertencer a uma empresa sob supervisão do regulador americano. No entanto, essa percepção foi abalada com o incidente envolvendo o Silicon Valley Bank (SVB).

O SVB, décimo sexto maior banco americano, precisou ser socorrido pelo FIDC (análogo ao nosso FGC no Brasil). O banco enfrentou dificuldades para atender às demandas de saque de seus clientes, pois havia investido em ativos de baixa liquidez ou os contabilizou de maneira que não permitia acesso imediato. Uma corrida bancária resultou em saques de USD 40 bilhões em um único dia, levando o banco a fechar suas portas na sexta-feira subsequente. Isso gerou grande preocupação entre seus clientes, dentre os quais estava a Circle, gestora do USDC.

Aproximadamente 6% dos depósitos que lastreavam o USDC estavam depositados no SVB. Em caso de falência do banco, a Circle teria direito apenas ao valor garantido pelo FGC, que é de USD 250.000. No domingo subsequente ao incidente, a Circle se pronunciou, garantindo que, independentemente do desfecho com o SVB, a paridade do USDC seria assegurada por seu próprio capital. Afirmou que não havia motivo para preocupações. Contudo, o token chegou a ser negociado a USD 0,90. Após esse episódio, observou-se um declínio na quantidade de USDC emitido, no momento em que escrevo, está em 30 bilhões, recuperando-se de 25 bilhões no final de 2023.

A lista de Stablecoins atreladas ao dólar, através do mecanismo de total colateralização do ativo base, continua com a Tusd (Trueusd). Seu propósito é converter os dólares das pessoas em criptomoeda. Para que haja emissão de Tusd, qualquer indivíduo pode enviar dólares para uma das instituições parceiras. Estes valores são então depositados em uma Escrow Account (um tipo de conta onde os recursos permanecem bloqueados até que certas condições sejam cumpridas; neste caso, a eliminação dos tokens emitidos com lastro nesse dinheiro). Assim, a empresa tem permissão para emitir os tokens Tusd em favor do depositante. O objetivo principal é oferecer um serviço que permita a todos terem acesso a dólares no ambiente digital, facilitando suas transações. Temos também a Busd (Binanceusd), administrada pela Exchange Binance, uma das maiores do mundo, e que anunciou que deve suportá-la somente até início de 2024, decisão alinhada com o fato da Paxos, empresa responsável por coordenar todo o mecanismo da BUSD, não permitir resgate após esse período.

A Paxos, inclusive, tem a sua própria Stablecoin, a USDP que, entre outras novidades, traz a emissão do token sendo feita por uma instituição regulada pelo Departamento de Finanças do Estado de Nova York, nos Estados Unidos – o mesmo regulador que criou o controverso Selo Crypto (Bitstamp) para empresas de Cripto em Nova York. Inclusive, são as questões regulatórias que estão no cerne dessa decisão de descontinuar a Busd.

A Gemini, empresa criada pelos gêmeos Winklevoss, tem o Gemini Dólar[22] (Gusd), com a mesma proposta de mercado que o Tether, ou seja, ter

---

[22] Gemini Dollar. Disponível em: https://gemini.com/dollar/.

cada Gemini Dólar diretamente atrelado a 1 dólar em custódia, mas com uma nova forma de verificação e independência entre emissor e custodiante, visando trazer mais confiança.

A lista de Stablecoins com lastro de 100% em uma moeda fiduciária não se resume a essas mencionadas, e toda semana há uma nova iniciativa de se criar uma Stablecoin atrelada ao dólar, ou outras moedas fiduciárias, que pretende fazer de forma mais segura, rápida e transparente essa transição do mundo "tradicional" de moeda, para o mundo Blockchain.

Temos também iniciativas de emissão de Stablecoins lastreadas privadas como JPMcoin do JP Morgan, que é uma Stablecoin lastreada 1:1 com o dólar americano e que vem sendo testada pelo banco para fazer transferências entre contas institucionais, a princípio, trazendo para o banco vantagens como tornar os processos de transferências internas de valores mais rápidos, transparentes e auditáveis.

Mais recentemente tivemos o Paypal lançando sua Stablecoin de dólar, a PyUSD, em uma parceria com a Paxos e que, em princípio, só será utilizada na plataforma do Paypal, mas que nasce já com a pretensão de alçar voos maiores e poder ser negociada também em ambiente externo à plataforma.

A ancoragem em um lastro é uma maneira de ganhar confiança e credibilidade para moeda e já foi utilizada pelas cédulas emitidas por governos (papel-moeda) que no seu início eram lastreados em ouro. A história mostra que, a partir de determinado momento, a confiança nessas moedas se tornou tão grande que a necessidade de se ter um lastro não era mais necessária. No caso do dólar, isso aconteceu após os Estados Unidos romperem com o acordo de Bretton Woods, em 1971, como já vimos no primeiro capítulo.

Quanto às Stablecoins, de quanto tempo precisaremos para que elas ganhem confiança e não precisem mais de lastro? Essa é uma pergunta que, apesar de estar no radar dos reguladores e Bancos Centrais – que obviamente observavam esse movimento – era ignorada dado o tamanho do mercado, lá nos idos de 2018. Até que um player gigante, na época Facebook, hoje Meta, resolveu enveredar por esse caminho. Veremos isso adiante.

5.1.1.2 Stablecoins baseadas em dívida

Outra forma de se obter a paridade com a moeda é via mecanismos de dívida. O principal exemplo aqui é o DAI, Stablecoin que já comentamos quando expliquei o MakerDao, que é o seu emissor. O DAI se utiliza de algoritmos e um sistema de incentivo a contrapartes externas para fazer a "mintagem" e queima de DAI, de acordo com o valor dos depósitos que estão em garantia, fazendo com que sempre haja um valor depositado em garantia **maior** do que a quantidade de tokens DAI emitidos. Dessa forma, se todos resolvessem resgatar os seus DAIs pelo valor equivalente em USD dos ativos que estão lá depositados, isso seria possível e ainda sobraria um valor em ativos nas reservas do DAI.

Outra perspectiva para entender o funcionamento do DAI é considerá-lo um empréstimo baseado em colateral. Quando você toma um empréstimo em DAI, ele é lastreado por um colateral que você deposita. Se esse colateral começa a desvalorizar, você é compelido a liquidar parte do empréstimo ou aportar mais colateral. Daí surge a ideia de uma Stablecoin fundamentada em dívida.

Esse mecanismo já existe há algum tempo e foi extensivamente testado. Ele enfrentou desafios, desde crashes repentinos – onde houve um atraso no mecanismo de ajuste devido ao congestionamento da rede Ethereum – até dúvidas sobre a totalidade do lastro, especialmente considerando a volatilidade do principal ativo mantido como reserva, o Ether. Em 2022, visando mitigar os riscos associados à volatilidade das reservas, a MakerDao começou a aumentar a representatividade do USDC como colateral para a emissão de DAI. Essa decisão acabou expondo a MakerDao diretamente à situação do USDC com o SVB, que mencionei anteriormente, o que fez com que semanas após esse incidente a MakerDao voltasse a ter a maioria de seu colateral em ETH e BTC.

A vantagem do DAI em relação às outras Stablecoins descritas até aqui é que ele é gerenciado plenamente por algoritmos e on-chain. Dessa forma, todas as informações referentes às suas reservas, movimentações, liquidações etc. são totalmente transparentes e podem ser observadas por todos. Por não ter vínculo nenhum com o mercado financeiro tradicional, muitos gostam de colocar o DAI como a "melhor representação de uma Stablecoin no mercado de Blockchain", o que foi muito questionado com o incidente do SVB e a concentração de colateral em USDC, mas foi resolvido.

Mais um exemplo de Stablecoin baseada em dívida é a Bean. Ela emite dívida, recebe colateral e esse colateral dá base para manutenção da paridade de 1:1 do Bean com o USD.

Se o preço de 1 Bean fica acima de 1 USD, o protocolo emite Beans para aumentar a oferta e trazer para baixo o preço dele, sendo que essa emissão sempre tem que ser lastreada na dívida. Se não tiver lastro, emite mais dívida, capta colateral e daí, sim, são emitidos Beans. O mecanismo é estruturado de forma que, se não houver financiadores dispostos a emprestar pelos juros estabelecidos, a taxa de juros aumentará progressivamente até atrair um financiador. A semelhança com os modelos de financiamento dos países e de como controlam a paridade de suas moedas com outras moedas fiduciárias definitivamente não é mera coincidência!

Esse projeto começou muito bem, tendo chegado a emitir perto de USD 40 milhões de Beans, e ter captado perto de USD 700 milhões em colateral, mas em abril de 2022 acabou sofrendo um ataque em sua DAO que drenou todo o colateral. De lá para cá, o time tem implementado várias melhorias, mas sua representatividade no mercado só tem caído.

Mesmo assim, o mecanismo utilizado por ele para emissão de dívida e moeda, que tem grande semelhança com os processos de emissão de moeda por Bancos Centrais e de dívida por Tesouros, é interessante e vale a pena ser observado atentamente.

5.1.1.3 Stablecoins algorítmicas

Se nos modelos citados acima tínhamos um lastro ou uma dívida como garantia, aqui a ideia é exatamente o oposto. O que se propõe com as Stablecoins algorítmicas é uma forma de criar um token que busque a paridade de 1:1 com **outro ativo**, mas que não o detenha como lastro.

Essa ideia nasce para, entre outras coisas, endereçar uma restrição do modelo que utiliza lastro, que vem do fato de necessitar ter sempre um colateral para e emissão da Stablecoin, o que restringe a capacidade de criação da Stablecoin em questão.

A ideia das Stablecoins algorítmicas é, na essência, simples. Imagine um sistema que emita tokens sempre que esse token valha mais do que a paridade, e o destrua quando ele estiver valendo menos do que a paridade. Exemplificando, se cada token está valendo $1,10, com a quantidade de tokens aumentando devido à criação de mais tokens, sua oferta aumenta e seu preço volta para $1,00; caso a emissão seja muito grande e o preço escorregue para $0,80, retira-se (queima-se) tokens até que essa diminuição na oferta faça o preço voltar para $1,00. Por meio desse mecanismo de controle de emissão e queima de tokens, é possível fazer com que o preço convirja para o objetivo desejado, que é a paridade 1:1.

Isso não difere muito dos modelos de oferta e demanda de moeda que os Bancos Centrais usaram durante muito tempo. Há vários anos acreditava-se que controlando a oferta de moeda, ou agregados "monetários" como nós economistas chamamos, podíamos controlar inflação e crescimento da economia. Nas últimas décadas, chegou-se a um consenso de que essa oferta é **endógena**, ou seja, tem sua própria dinâmica, e sistemas de meta de inflação via controle de juros e fiscal surgiram e prevalecem até hoje.

Retomando o tema das Stablecoins algorítmicas, essas preocupações econômicas continuam em estágio inicial, uma vez que elas são vinculadas a outras moedas e, consequentemente, "transferem" essas questões para os Bancos Centrais das moedas em questão. O desafio surgirá quando essa relação de 1:1 começar a perder sua relevância, assim como ocorreu com a paridade dólar-ouro que vigorou até a década de 1970. No entanto, ainda temos "muito chão" até esse ponto.

A seguir vamos entender um pouco como funciona a AMPL, que é um dos exemplos de Stablecoins algorítmicas.

A AMPL tem sua emissão ajustada diariamente com base na diferença entre seu preço de mercado atual e seu objetivo de preço. Quando o preço do AMPL está acima do objetivo, acontece a "mintagem" de tokens

AMPL, aumentando o número de tokens em todas as carteiras, proporcionalmente. Se o preço estiver abaixo do objetivo, há a queima e tokens AMPL. Esse mecanismo é conhecido como "rebase", ou "rebalanceamento", em tradução livre.

Aqui, vale ressaltar que o AMPL visa não exatamente o 1:1 com o dólar, mas, sim, o 1:1 com o poder de compra de USD 1,00 no decorrer dos anos. Dito isso, quando foi criado, em 2019, ele tinha como valor objetivo 1:1. Em 2023 esse valor já estava em USD 1,16, refletindo a inflação do dólar nesse período.

Retomando a questão do mecanismo de estabilidade, é esse incentivo econômico que direciona o preço do token sempre em busca de seu valor alvo. Se a oferta aumenta, espera-se que os detentores vendam seus tokens excedentes, reajustando o preço em direção ao valor desejado. Analogamente, se a emissão diminui, antecipa-se que os detentores adquiram mais tokens, elevando o preço em direção ao alvo estabelecido. É importante destacar que, embora esse mecanismo tenha se mostrado relativamente eficaz a longo prazo, ele não é suficientemente preciso para assegurar que o token AMPL oscile sempre muito próximo do seu valor objetivo. Como experimento, o AMPL é muito interessante e tem conseguido atrair alguma atenção dos mais fascinados sobre o tema "moeda", mas a verdade é que, seja por sua grande volatilidade em relação ao preço alvo, seja pelo mecanismo aumenta e diminuir a quantidade de tokens que você detém, ele não é muito utilizado, tendo, pelo menos até meados de 2023, um valor emitido pouco superior a USD 20 milhões, o que é ínfimo se comparado com o das Stablecoins lastreadas, que chegam à casa dos bilhões de dólares.

Se formos puristas em relação às Stablecoins, o AMPL não busca a paridade e, sim, um objetivo móvel, o que, para muitos, não a coloca no hall de Stablecoins. Incluí essa discussão aqui porque acredito que a temática de correção – seja ela relacionada ao poder de compra, juros ou moeda –, pode assumir uma dinâmica distinta no futuro. O AMPL introduz um pouco desse debate, além de apresentar um mecanismo de ajuste bastante singular.

Muito se debate sobre o futuro desse tipo de Stablecoin, já que nenhuma até o momento conseguiu ganhar tração e crescer em utilização, mas entre os vários modelos que tenho observado sendo testados vejo inovações interessantes acontecendo, mas sou um pouco cético sobre os casos de uso e onde as utilizaremos. Talvez o AMPL, com seu caso de uso de manutenção do poder de compra, possa ser um que rompa essa barreira.

5.1.1.4 Dois tokens

O principal representante desse segmento é – e foi – uma Stablecoin que já não se encontra mais ativa e que quase causou um risco sistêmico no mundo cripto em 2022: a UST, emitida pela Luna. Abordaremos em detalhes o funcionamento e as fragilidades desse mecanismo, mas, antes, vamos explorar uma que ainda está em atividade e que, portanto, não apresentou as mesmas vulnerabilidades da UST.

A Frax é uma Stablecoin que opera com dois tokens: o próprio Frax e o FXS (Frax Shares). Ambos estão interligados e desempenham funções distintas no ecossistema Frax, mas colaboram conjuntamente para garantir a estabilidade e a operacionalidade do sistema.

O Frax é o token Stablecoin do sistema, visando manter uma paridade 1:1 com o dólar americano. A estabilidade do Frax é alcançada através de um modelo de colateralização fracionada, o que significa que ele é parcialmente lastreado por colaterais e parcialmente por mecanismos algorítmicos. Por outro lado, o FXS tem dentre suas funções a de ser o **mecanismo de ajuste** para se obter a estabilização em 1:1. Quando o preço do Frax desvia de $1, o FXS entra em ação. Por exemplo, se o Frax é negociado acima de $1, o protocolo permite a cunhagem de mais Frax vendido por FXS, efetivamente aumentando o fornecimento de Frax e introduzindo mais FXS no mercado, ajudando a trazer o preço de Frax de volta para $1. Se o Frax é negociado abaixo de $1, os detentores podem comprar Frax no mercado aberto e queimá-lo no protocolo em troca de colateral, reduzindo o fornecimento e aumentando o preço do Frax.

106 A TOKENIZAÇÃO DO DINHEIRO

Esses dois tokens estão, dessa forma, intimamente ligados por esse mecanismo de ajuste. O FXS também é o token de governança da plataforma.

Indo agora para o caso da UST, essa era uma Stablecoin algorítmica que buscava ter sua paridade em 1:1 com o dólar, alcançada através do token nativo da Terra, chamado Luna. A Terra era uma Blockchain nova, e por onde era sempre possível trocar UST pelo equivalente em dólar (USD) de Luna, de modo que o par Luna/UST ou Luna/USD mantivesse sua cotação sempre muito próxima, para não dizer idêntica. O preço da Luna em relação ao dólar (USD) variava muito, assim como o Ether, token nativo da rede Ethereum, mas isso não afetava a paridade do UST, pois ele podia sempre ser trocado por 1 USD através do token Luna.

Para aqueles que vivenciaram ou estudaram a introdução da moeda Real no Brasil, por meio da URV, era um mecanismo muito similar. A URV variava todos os dias em relação ao cruzeiro real, mas podíamos dizer que o valor de uma URV em relação ao REAL estava estável, tanto que a URV se tornou o Real em determinado momento. O fluxo não tinha sido exatamente esse, porque existia uma preocupação em não tornar isso explícito previamente, para que a memória inflacionária permanecesse no *cruzeiro real* e não fosse transferida para o Real. No entanto, o mecanismo possuía muita semelhança.

No caso do UST, notem que não havia lastro. Não existia nenhum dólar ou outro ativo para lastreá-lo. O UST utilizava o modelo de dois tokens para tentar alcançar a paridade. No seu auge, a UST chegou a estar entre os vinte maiores tokens de criptomoeda, não tão distante do USDC devido ao protocolo Anchor, que pagava 20% a.a. pelo UST depositado.

A lógica de ter o valor do UST buscando o 1:1 com base na sua cotação entre ele e a Luna (UST/Luna) valeu até que o valor de mercado da Luna começou a cair e ficar abaixo do valor de UST emitidos; ou seja, já se tinha um valor de Luna em dólares e uma quantidade de tokens UST não mais compatíveis com o 1:1 do UST com o USD. A reflexividade entre esses dois tokens foi o fator da ruína da UST.

De qualquer forma, as Stablecoins que atualmente utilizam dois tokens já adotavam ou se adaptaram a essa estratégia. Uma das abordagens adotadas foi estabelecer algum tipo de lastro ou colateral para a emissão do token que não busca manter a paridade, vinculando-o à quantidade de tokens da Stablecoin que visa essa paridade. Assim, na pior das situações, se o valor do segundo token caísse a zero, o colateral associado a ele seria suficiente para garantir os tokens da Stablecoin emitida. Esse é o mecanismo adotado pelo Frax, visto que é possível criar (ou "mintar") FXS em troca de outros tokens, incluindo o USDC.

Após entendermos esses quatro mecanismos através dos quais são obtidas as paridades em relação ao ativo base em uma Stablecoin, chegou o momento de explorarmos os casos de uso em que as Stablecoins são empregadas.

5.1.2 Casos de uso para uma Stablecoin

Agora que entendemos como se alcança a paridade em uma Stablecoin, vamos explorar suas aplicações práticas. A seguir, apresento alguns casos de uso que já estão em cena e que, na minha visão, ganharão ainda mais força no futuro. Isso se tornará especialmente evidente à medida que as redes governamentais evoluírem para Blockchains ou DLTs, permitindo-nos capitalizar ao máximo os benefícios trazidos pela tokenização da moeda e dos ativos. Então, vamos aos casos de uso de uma Stablecoin:

1. **Câmbio**

Esse me parece um dos pontos fortes da utilização de Stablecoins, conforme já vimos quando tratamos de DEX no capítulo sobre DeFi. Se tivermos duas Stablecoins em determinada exchange ou carteira, o fechamento de câmbio pode ser feito entre elas de forma fácil, barata e sem intermediários. Será como vender ações da Vale, para comprar do Itaú, sem ter que passar pelo Real, já que o par Vale/Itaú pode ser negociado. No exemplo poderíamos ter o par StablecoinReais x StablecoinDólares e trocar de um para outro diretamente. A possibilidade, do ponto de vista técnico, já é concreta, mas ainda carecemos de 1) Stablecoins com a liquidez suficiente das maiores moedas fiduciárias em Blockchains públicas, não permissioná-rias, ou 2) a integração entre os sistemas de pagamentos dos BCs utilizando Blockchain e/ou DLT para dar conforto regulatório à maioria dos agentes.

2. DVP facilitado

"Entrega versus Pagamento" (DVP: "Deliverable versus Payment") é um método de liquidação altamente valorizado pelo mercado financeiro tradicional, que é inerente a Blockchains que utilizam Smart Contracts. Assim como na venda de um carro no mercado secundário e seu respectivo pagamento, existem diversos cenários onde o DVP é desejável. Para implementar isso, precisamos de uma rede desenvolvida em Blockchain ou DLT e de uma Stablecoin para gerenciar a parte financeira.

3. A integração do registro de transações com os documentos fiscais e comprovantes

O mesmo QRcode para a transação de transferência pode carregar, além da informação da transferência, registros de nota fiscal, imposto pago para posterior declaração, propriedade, número de licença e outras informações que facilitam a vida do consumidor e cidadão sem que precisemos guardar documentos em duplicidade. Esse registro pode ficar atrelado à transferência da Stablecoin e, portanto, ser uma fonte única de consulta para o usuário. PIX já resolve isso na maioria dos casos, mas aqui teríamos uma alternativa com o uso de uma rede onde os Smart Contracts poderiam auxiliar e facilitar a construção desse tipo de iniciativa.

4. Moedas digitais permitem programar comportamentos diretamente no sistema de transações

Valores mínimos, máximos, transferências automáticas e virtual-mente tudo que as normas exigirem ou permitirem podem ser diretamente aplicados em camadas de inteligência que agem sobre a Stablecoin, inde-pendentemente da aplicação que interage com ela.

5. Transferências entre pessoas sem intermediários

Caso tenha que pagar sua parte do churrasco do fim de semana para um amigo, isso também poderia ser feito mediante uma transferência dessa

Stablecoin. Novamente, sem envolver TED, DOC ou qualquer intermediário do sistema financeiro. Essa Stablecoin poderia ser transferida via uma carteira digital, ou até via um aplicativo de mensagens. Afinal de contas, uma transferência de dinheiro no campo digital é o mesmo que uma transferência de dados, só que com algumas características que a diferenciam, como a privacidade e a não possibilidade de gasto duplo, entre outras. No caso do Brasil, o PIX quase já resolveu isso na totalidade, mas esse ainda não é o caso em alguns países.

6. Programas de fidelidade

Existem casos, tais como programas de financiamento público ou subsidiado, programas de isenção tributária, ou mesmo cadeias de fornecedores fechadas em que pré-requisitos são exigidos para que transações sejam aceitas, onde as Stablecoins podem facilitar a validação redundante de documentação. Ao invés de habilitar cada transação, os agentes se habilitam uma única vez; as regras de funcionamento estão definidas e programadas no sistema via Smart Contracts e, a partir daí, as transações são validadas de forma segura, automática e sem custo extra de burocracia.

7. Como proteção contra a volatilidade de outros tokens

Traders de criptomoedas podem desejar alocar ativos em moedas não sujeitas à volatilidade, mantendo-se no ambiente cripto. Esse uso de moedas estáveis tem alcançado grande sucesso, mesmo com moedas pioneiras que são menos consistentes do que as versões mais recentes. O êxito é tão expressivo que a emissão, exposição e circulação diária atingem a marca de bilhões de dólares.

5.1.3 Libra: a Stablecoin da Meta que deu errado, ou não?

Poucas vezes na vida experimentamos a sensação de estar participando de um momento histórico para nossa geração, como a primeira vez que tive contato com essa iniciativa. Normalmente, esses momentos acabam sendo consumidos pelos afazeres diários e passam despercebidos. Já vivi o suficiente para ter constatado isso em dois episódios. O primeiro quando, na mesa de operações do HSBC Asset, assisti pasmo aos dois aviões que foram lançados nas torres gêmeas do World Trade Center em Nova York, em 2001, e o segundo quando acompanhei de perto – e falando quase de hora em hora com a mesa de Nova York –, a crise de 2008, na ocasião já na tesouraria do Rabobank Brasil. Em ambos os casos, o foco na resolução dos problemas de curto prazo e a falta de experiência e visão me consumiram, fazendo com que eu não tivesse a clara percepção do quanto aquele momento seria decisivo para o mercado financeiro, particularmente, e para a vida de todos nós.

Bem, uma hora aprendemos e, agora, sempre tento ver o que está acontecendo em outras perspectivas. Os "óculos" da história – ou dos cabelos brancos – me deram a experiência necessária para conseguir definir momentos únicos e memoráveis na nossa existência.

E qual não foi a minha surpresa quando comecei a ler e discutir, em 2019, o Whitepaper da criptomoeda do então Facebook – hoje Meta –, a Libra.

O Whitepaper Libra foi certamente um dos momentos de inflexão na forma de pensar da infraestrutura do mercado financeiro mundial. Boa parte dos conceitos e o modelo de negócio ali descritos têm potencial de alterar significativamente a estrutura do sistema financeiro mundial, aqui incluindo não somente as instituições financeiras, mas também Bancos Centrais, reguladores, bolsas de valores, adquirente de cartões, sistemas de pagamento, bandeiras e todos envolvidos de alguma forma na transferência de valores entre pessoas, empresas ou países.

A proposta da Meta de criar uma Stablecoin que buscava a estabilidade, com um índice de comércio de moedas mundial, não era novidade. O próprio SDR (Special Drawing Rights), "moeda" criada em 1969 pelo FMI, e o Euro são iniciativas nessa direção, mas por razões distintas, eles não conseguiram ter a tração suficiente para desbancar o dólar. A Libra tinha uma similaridade grande com o SDR, já que ambos são compostos por uma carteira de ativos de países com moeda conversível e de baixo risco; a diferença é que a Libra já nasceria com um número de potenciais usuários na casa do 2,5 bilhões de pessoas, que era a base de usuários das plataformas do Facebook e Instagram à época.

O fato de a Libra ter sido lançada com código aberto também facilitaria a criação de um ecossistema de fintechs em volta dela, o que criaria um ambiente propício para que novos unicórnios fossem produzidos.

Apesar de todas essas vantagens e da euforia no lançamento, o que se viu a seguir foi uma enxurrada de barreiras levantadas por todos os reguladores do mundo, em especial pelos Bancos Centrais, inclusive com alguns papers publicados pelo BIS recomendando "cautela e que os Bancos Centrais não permitissem a emissão de tal Stablecoin em suas jurisdições" (BIS, 2024, s.p.).

O projeto tentou alternativas como migrar para uma Stablecoin atrelada a uma única moeda fiduciária; mudou de nome para DIEM; tentou aqui, tentou ali, mas a verdade é que nada adiantou, e no início de 2022 eles decidiram engavetar o projeto. A principal razão alegada para isso veio do imenso escrutínio que essa iniciativa teve de todos os reguladores do mundo.

Dito isso, você se pergunta: "Mas se ele morreu, por que você trouxe esse caso aqui?".

Vou recorrer ao que escrevi em um artigo, na época do lançamento da Libra, que dizia o seguinte:

> A Libra tendo sucesso, teríamos um mundo efetivamente global, onde pagamentos por produtos de vários países poderiam ser feitos de maneira fácil e sem ter que utilizar os diversos intermediários do mercado de hoje. Haveria uma total reformulação, desintermediação e possível barateamento dos meios de pagamento mundiais. Câmbio se tornaria automático e necessário somente se alguém precisasse da moeda local, o que provavelmente seria feito através de uma exchange de cripto e não uma instituição financeira. Os sistemas de pagamento atuais, que se baseiam em cartões de crédito/débito praticamente sumiriam. Bancos, como os conhecemos hoje, não existiriam mais, e teriam seu papel redefinido/diminuído.
>
> [...] Com a Libra se tornando uma moeda mundial, isso geraria uma nova ordem econômica mundial, que teria impacto sem precedente sobre as economias locais. Seria uma mudança tão grande quanto a que ocorreu quando tivemos a mudança do padrão Libra Esterlina/Ouro para o

padrão dólar. Curioso notar que, em português ao menos, seria uma volta à Libra, não à Libra esterlina (moeda da Inglaterra), mas à Libra do Facebook. Com essa nova moeda mundial podendo ser negociada livremente em todos os países, isso faria com que os países perdessem parcial ou totalmente o controle sobre o fluxo de entrada e saída de capital e, portanto, tivessem menos controle sobre sua moeda. Os impactos disso poderiam ser sentidos nas dívidas enormes que a maioria dos países têm emitidas na sua moeda. Caso a população começasse a utilizar a Libra para todas as transações internas e externas, como o país cobraria impostos? E quem emprestaria para esses países? E em qual moeda? Em Libra? São inúmeras as dúvidas que tenho sobre como seria o mundo caso tenhamos efetivamente uma moeda mundial com ampla aceitação e sem um país ou Banco Central para dar respaldo para ela. Uma mudança de paradigma condizente com o que ocorreu quando abandonamos o padrão ouro.

[...] A Libra abre espaço para vermos a infraestrutura do mercado financeiro muito mais simples, barata, direta e acessível em breve (Cunha, 2019, s.p.).

A percepção que relatei acima não foi somente minha, mas de todo o ecossistema de reguladores e participantes do mercado financeiro; e o lançamento da Libra é hoje a razão pela qual vários desses reguladores começaram a olhar para a tecnologia e enveredaram por testes com sua moeda, no seguimento conhecido como CBDCs e que cobriremos um pouco mais à frente. Antes do anúncio da Libra, Stablecoins eram vistas pela maioria dos reguladores como uma inovação restrita ao mundo cripto e com pouco impacto no mercado financeiro tradicional. Com a Libra, essa percepção mudou completamente.

5.1.4 A queda impulsionada pela reflexividade

Outro caso de insucesso envolvendo Stablecoins que vale a pena analisarmos foi o da Stablecoin UST, emitida no ambiente da Blockchain da Terra e, como vimos, quando descrevi os tipos de Stablecoins, era uma Stablecoin baseada em dois tokens e que, em questão de menos de cinco dias, nos idos de maio de 2022, beijou a lona.

5. AS NOVAS FORMAS DE MOEDA   113

Para se ter ideia do impacto disso, semanas antes desse ocorrido, Luna havia alcançado um valor de mercado de mais de USD 50,0 bilhões e um volume de ativos alocados em sua rede (TVL) de aproximadamente USD 20,0 bilhões. Somando-se os efeitos secundários, a quebra da Terra, gerou no ecossistema cripto uma perda total de aproximadamente USD 500 bilhões. Colocando em perspectiva, a Lehman Brothers – que gerou a crise de 2008, que todos sentimos – tinha na época um valor de mercado de USD 60 bilhões.

Mas o que aconteceu? Por que tudo parecia bem e, de repente, degringolou? Vamos aos fatos.

A Luna/UST vinha desenvolvendo um robusto ecossistema de pagamentos na Ásia, com adesão de diversos estabelecimentos. A combinação de usabilidade, agilidade, custo-benefício e outros atributos positivos, impulsionava sua crescente adoção como meio de pagamento em diversas localidades.

Para incentivar a comunidade, através da plataforma Anchor, havia uma rentabilidade de 20% ao ano para quem investisse em UST com eles. Uma rentabilidade mais do que atrativa e que se mostrou insustentável no longo prazo, por conta da oferta como um incentivo para a popularização da rede. E aqui começa o embrião de todo o problema.

Em razão das taxas de juros muito baixas praticadas pelo mercado financeiro tradicional, esses 20% de rentabilidade ao ano criaram um incentivo enorme para muito capital fluir para a Terra. Algo como USD 20 bilhões chegou a ser aplicado nela via o UST, sua Stablecoin.

O UST é, ou era, uma Stablecoin que se valia de dois tokens para buscar manter sua paridade com o dólar, o UST e a Luna. Ou seja, através da troca de 1 UST por USD 1,0 equivalente no token da plataforma (Luna), conseguia-se obter o valor de 1,0 UST em dólares.

O mecanismo estava operando eficientemente sob condições padrão. No entanto, surge um complicador: se, em determinado momento, todos decidissem converter sua Stablecoin UST para dólar, isso geraria uma pressão de venda avassaladora sobre a Luna. Isso porque, para fazer essa conversão de UST para dólar, é necessário primeiro obter Luna do protocolo e, em seguida, vendê-lo por dólares. Em um cenário de venda massiva de

114 A TOKENIZAÇÃO DO DINHEIRO

Lunas, a quantidade necessária de Lunas para cada UST resgatado aumenta, intensificando ainda mais a venda de Lunas e depreciando seu valor. No extremo, se o valor da Luna em dólares despencasse a zero, como ocorreu, torna-se impossível trocar USTs por um dólar equivalente em Luna, já que a Luna não teria mais valor.

Essa relação é descrita em economia como uma relação de **reflexividade**, onde os preços dos dois ativos são mutuamente influenciados e interconectados. As ações dos participantes do mercado, em resposta a desequilíbrios de preço em um token, têm efeito cascata no outro token. Isso cria um ciclo contínuo de feedback, uma "reflexividade", que no caso em questão visa à estabilidade do UST, mas gera uma volatilidade no preço da Luna que pode levá-la a essa espiral de queda, descrita como "espiral da morte" (Death Spiral), que foi o que aconteceu.

Houve uma dinâmica de ataque especulativo à sua Stablecoin e essa não se sustentou. Como começou, por que começou, quem iniciou, pouco importa. Acredito que poucos sistemas financeiros, Cripto ou Fiat, têm mecanismos para conter o espiral negativo desse tipo de movimento. A crise de 2008 e inúmeras outras que o digam. A diferença aqui talvez seja que por estarem no ambiente de DeFi não tenhamos mecanismos de salvaguarda nem emprestador de última instância. Esse será o pano de fundo do tópico a seguir.

5.1.5 Fragilidade das Stablecoins

Após abordar os casos de insucesso das Stablecoins UST e Libra, desejo agora focar em outro aspecto, que está ligado aos meus estudos de mestrado. Este aspecto está relacionado com uma fragilidade inerente à maioria dos modelos de Stablecoins colateralizadas: uma significativa assimetria que facilita a ocorrência de ataques especulativos.

Tendo vivenciado os acontecimentos monetários da década de 1990 e considerando que minha tese de mestrado aborda ataques especulativos, comecei a refletir profundamente sobre o tema. Todas as minhas análises convergiram para a ideia de que essa assimetria representa uma vulnerabilidade significativa para qualquer "moeda" que busque manter sua paridade (1:1).

Pensem no Tether, por exemplo, no momento que escrevo está sendo negociado a USDT/USD 0,9997. Qualquer posição montada que aposte que ele desviará do 1:1 tem uma perda máxima de 0,0003, ou seja, 0,03%, acrescido do custo de empréstimo desse USDT (que hoje gravita por volta de 3% ao ano). Considerando tudo (inclusive o over-colateral do empréstimo) chega-se a um custo não superior a 5% ao ano. Isso via operações de spot, mas pode ser feita via futuros também, o que permite alavancagens consideráveis.

Supondo que o mercado caminhe nessa direção, e que a fundação Tether tenha mesmo as reservas para honrar todos os saques (o que é questionável, já que nem no sistema financeiro tradicional um banco teria todo o dinheiro para honrar suas dívidas, se os saques ocorressem de maneira desenfreada), a paridade seria mantida. Quem estivesse nessa posição não ganharia diretamente nada.

A questão poderia vir do indireto, ou seja, o **quanto** esse desaparecimento do Tether impactaria o mercado cripto. O fato dele ter uma relação muito próxima com a Exchange Bitfinex e ser hoje o principal par de negociação de cripto de várias exchanges, incluindo a maior de todas, a Binance, leva a crer que esse impacto não seria pequeno.

O que estou tentando destacar é que, além dos impactos indiretos – que no caso da UST, a Stablecoin da Terra que enfrentou uma espiral de declínio, foram relativamente contidos – os efeitos no Tether podem ser significativos. Usei o Tether como exemplo por ser atualmente a maior de todas e, consequentemente, ter um efeito secundário mais expressivo. No entanto, o ponto central é que existem outras moedas com vulnerabilidades e assimetrias ainda mais pronunciadas, e estas estão mais suscetíveis a ataques iminentes.

A assimetria, que gera esse incentivo perverso, está colocada em todos os ativos que pretendem manter sua paridade; a questão é analisar **o que seria o estopim** desse movimento. No caso do Tether especificamente, hoje não vejo incentivos para que esse ataque ocorra, dado o impacto que ele teria em todo o mundo cripto. É a famosa situação de "dormindo com o inimigo".

O nome Stablecoin é outra questão que nos leva a pensar. Todos os modelos dependem de mecanismos de arbitragem para que essa estabilidade seja alcançada e são afetados por vários aspectos: falta de colateral, ruídos na ponte entre moedas Fiat e Cripto, congestionamento da rede de Blockchain, velocidade de circulação etc., que fazem com que o 1:1 o tempo todo, ou seja, a estabilidade, como o nome diz, seja bastante discutível.

Todos os mecanismos possuem um tempo de resposta que pode não coincidir com as expectativas do mercado, e é nesse descompasso que a espiral de liquidação se inicia.

A UST, que levou a terceira maior Blockchain consigo em seu espiral da morte, é um caso emblemático disso. Seu modelo tinha uma reflexividade intrínseca que deveria ter sido contida em seu início. Se não for assim, torna-se quase impossível parar a manada.

As assimetrias de ganhos entre **manter** ou **ficar vendido** em uma Stablecoin geram incentivos cruéis para que elas estejam na mira de ataques especulativos. A pergunta é "qual será a próxima e como se precaver disso?".

Para mim a resposta é simples. As mais seguras são as que têm modelos mais transparentes e que ficariam no fim da fila de ataque. E a melhor forma de ter transparência é via Stablecoins que tenham tudo on-chain, na Blockchain. Qualquer uma que dependa de fazer a ponte com o mercado financeiro tradicional perde em transparência e conectividade. Dito isso, as Stablecoins que têm lastro em USD, que são hoje as maiores do mercado, não me parecem ser as mais apropriadas, pois dependem de demonstrar as reservas existentes no mercado financeiro tradicional, que por várias razões é menos transparente e não nos permite a verificação on-line e 24/7 de todas as operações.

Stablecoins totalmente baseadas em Blockchain possuem uma vantagem significativa nesse aspecto. O DAI, por exemplo, se aproxima bastante desse ideal, mesmo sendo fundamentado em dívida e não em colateralização total.

Por outro lado, no coração das Stablecoins reside sua maior vulnerabilidade: a assimetria intrínseca ao seu modelo. Contudo, sua funcionalidade prática representa sua maior força, fornecendo a todos nós motivos concretos para utilizá-las.

5.1.6 Por que usaremos as Stablecoins em breve

Espero que, ao chegar até este ponto, o potencial de uma rede baseada em Blockchain e/ou DLT para o sistema financeiro já esteja evidente para você. Seja através dos experimentos em DeFi que exploramos, operando em Blockchains não permissionárias, ou por meio dos testes em redes permissionárias, o poder dessa tecnologia para possibilitar a negociação de tokens de forma mais automática, rápida, auditável e com menos intermediários é impressionante. Mas o que ainda nos impede de alcançar esse futuro?

Stablecoins são um conceito amplamente testado em cripto nos últimos anos. Independentemente da forma, colateralizadas ou algorítmicas, o que se quer obter com elas é uma representação de algo em forma de um token que possa ser negociado em uma rede Blockchain ou DLT.

Uma tendência forte que vejo é a atualização dos sistemas e infraestruturas de mercado financeiro mundial para soluções que utilizem Blockchain ou DLT ou, em outras palavras, as redes atuais, utilizadas pelos bancos para realizar transações como TED ou PIX, precisarão se integrar a novas redes equipadas com tecnologias capazes de tokenizar praticamente tudo. Esse é, por exemplo, um dos propósitos do piloto do Drex.

A maravilha de ter o Real, ou qualquer outra moeda fiduciária, em um sistema tokenizado reside na capacidade de realizar operações atômicas. Isso se alinha ao conceito de DVP (Deliver Versus Payment) que, em termos simples, é a ideia de "entrega contra pagamento". Imagine por um momento: você tem o Real em forma de token (uma Stablecoin) e outro token que representa seu carro. Ao decidir vender o carro, em um instante, o pagamento e a transferência do veículo são efetuados simultaneamente. Um só se concretiza se o outro também for realizado. É uma eficiência notável.

Esse exemplo é o que eu categorizo como "clássico", e já o usei aqui neste livro, mas o trago novamente, por demonstrar, de imediato, a eficiência, enquanto soluciona complicações tradicionais que todos nós conhecemos. No entanto, isso é apenas o começo. Costumo refletir que a verdadeira revolução não virá desse exemplo, mas de uma ideia inovadora que algum jovem, de catorze anos ou até menos, trará à tona. E quando essa ideia emergir, pensarei: "Por que não me ocorreu isso antes?". E o mais intrigante é que tanto você quanto eu podemos ser o protagonista dessa inovação. Apenas o tempo dirá.

A revolução trazida pela Blockchain – ou pela Web3, em uma perspectiva mais ampla – é a capacidade de introduzir um dinheiro intrínseco às suas redes, os tokens. Se pensarmos na internet como a conhecemos, todos os pagamentos são processados externamente: sistemas de pagamento, cartões de crédito, PIX, entre outros. No entanto, em uma infraestrutura baseada em Blockchain, o token desempenha o papel de dinheiro nesse ecossistema. E é aí que entram as Stablecoins, essencialmente tokens representativos de um ativo, neste caso, dinheiro.

O que estou tentando destacar é que, em uma rede Blockchain, o dinheiro é nativamente representado por tokens, especificamente aqueles que representam moedas fiduciárias, como as Stablecoins.

Por outro lado, temos a questão da usabilidade e complexidade técnica. Muitas das coisas que abordo tendem a se aprofundar em debates técnicos sobre como, por que e onde implementar determinada tecnologia. Enquanto essas discussões são cruciais para os grupos e indivíduos que estão moldando esta nova era, para a maioria das pessoas, esses debates podem parecer pouco envolventes e, em alguns casos, até mesmo supérfluos. É a questão da árvore e da floresta. Sem sabermos o que é uma árvore, não conseguimos definir o que é uma floresta. Isso quer dizer que temos que conhecer todas as espécies de árvores do mundo? Não. Mas temos que conseguir definir e visualizar o que é uma árvore e é isso que tento sempre fazer.

Do ponto de vista de usabilidade, o melhor exemplo vem da própria internet. Pouquíssimas pessoas no mundo sabem como funcionam os protocolos TCP-IP que dão base para a internet. Eu inclusive. Mas os utilizamos e nos conectamos ao primeiro wi-fi disponível para poder navegar. Com Stablecoins e redes de Blockchain/DLT acontecerá o mesmo. Usaremos o que estiver ao alcance, sem perceber ou saber do que se trata. Conectaremos a uma rede onde as Stablecoins estarão lá, faremos nossas transferências, investimentos ou pagamentos sem nos preocupar com a tecnologia ou infraestrutura utilizada.

Esse futuro parece estar ao alcance da mão, mas ainda há muito a ser construído. Por isso, os debates mais técnicos sobre como estruturar essa rede e definir aspectos como privacidade e componibilidade são essenciais.

No final das contas, todos usaremos Stablecoins como usamos o dinheiro digital que temos hoje, muito provavelmente com a mesma facilidade e dinâmica, mas até chegar lá, temos um caminho pela frente. Quem já tem certa idade lembra das discussões, dos medos e receios de se fazer a primeira compra on-line no início da internet: "Coloco meus dados do cartão?", "E se pagar e não me entregarem?" eram só algumas das perguntas que fazíamos na época e que hoje estão superadas. Com Stablecoins não será diferente. Estamos no princípio e tudo indica que a trajetória será parecida.

Olhando a floresta mais do alto, o tema do momento é tokenização de ativos, e quando falamos sobre isso, a moeda tokenizada, ou Stablecoin, se coloca como um ativo fundamental, como a água em um rio de ativos tokenizados. Sem ela, o rio seca e impossibilita que muitas das vantagens da tokenização de ativos apareçam. É dela, Stablecoin ou CBDC, que emana uma enxurrada de inovação que as redes de Blockchain trarão para o mercado financeiro nos próximos anos. Dito isso, hora de embrenharmos pelo mundo das CBDCs.

5.2 CBDC

As Stablecoins frequentemente geram debates sobre o que lhes confere lastro ou, se preferir, credibilidade. No entanto, quando se trata de CBDCs (Central Bank Digital Currencies), essa discussão não se aplica. Simplificando um pouco, podemos considerar uma CBDC como uma Stablecoin emitida por um Banco Central. Embora essa comparação possa ser válida em termos técnicos, em outros aspectos, as diferenças tornam-se muito mais pronunciadas. No caso das Stablecoins, a credibilidade para a moeda tem que ser "importada" de um colateral, algoritmo ou outro token; na CBDC essa já é inerente ao emissor. Sendo os BCs os emissores das moedas fiduciárias, e eles o emissor da CBDC, essa credibilidade já está implícita. Além disso, pontos como o fato de a moeda emitida pelos BCs ter curso forçado em suas jurisdições também se estende às CBDCs. Ou seja, uma CBDC já nasce com casos de uso, usuários e muitas funcionalidades já definidas.

A discussão, que abordaremos neste capítulo e que está presente em todos os Bancos Centrais do mundo, só ganhou destaque após o caso da Stablecoin Libra. A partir desse momento, o debate entre os Bancos Centrais sobre a adoção de uma infraestrutura baseada em Blockchain ou DLT e, consequentemente, a emissão de uma moeda digital do Banco Central (CBDC), mudou de "se deveriam fazer isso" para "como fazer isso".

Aqui vale esclarecer que, apesar do nome CBDC remeter à digitalização, o que está sendo tratado é a **tokenização** da moeda emitida pelo Banco Central, já que os testes vêm associados à utilização de Blockchain e/ou DLT e à emissão de tokens representativos da moeda nessa rede (chamado de CBDCs).

Atualmente, há uma vasta quantidade de artigos de Bancos Centrais, FMI, BIS, entre outros, abordando o tema das moedas digitais. Vários Bancos Centrais ao redor do mundo estão ativamente envolvidos no desenvolvimento de suas próprias moedas tokenizadas, incluindo instituições de países da Europa, além de Brasil, China, Austrália e Japão.

As motivações para essa movimentação são diversas. Algumas instituições buscam criar um ambiente de negócios mais dinâmico e eficiente, outras veem as CBDCs como uma maneira de manter um canal direto com a população, especialmente em países onde a eliminação do dinheiro físico está se tornando uma realidade iminente, como é o caso da Suécia.

Quanto à implementação de uma CBDC, os modelos propostos afunilam em três principais:

1. As CBDCs como reservas bancárias, ou CBDCs de atacado, seriam uma forma de tornar mais ágeis as transações de reservas bancárias entre as instituições financeiras e os Bancos Centrais. Teriam pouco

impacto nos sistemas financeiros como conhecemos hoje, já que poderíamos simplesmente vê-las como uma melhoria tecnológica do sistema atual. Em casos como o do Brasil, vejo pouco ganho em implementar unicamente essa arquitetura, visto que o sistema de reservas bancárias já é muito eficiente.

2. As CBDCs como "papel-moeda", mas no campo digital (também citadas como CBDCs de varejo). Essa arquitetura implica uma mudança radical no sistema financeiro, já que toda a população teria acesso diretamente ao Banco Central. A familiaridade da população com o sistema atual, custódia, anonimato, KYC, lavagem de dinheiro etc. são questões importantes a serem observadas aqui.

3. As CBDCs híbridas, que mesclam as características das duas citadas acima.

Em paralelo a essa discussão de arquitetura, há também discussões sobre essas CBDCs pagarem, ou não, juros. Uma CBDC que cobre juros negativos tornaria o poder da política monetária ainda maior, pois haveria diminuição de moeda em circulação, e poderiam ter facilitado a vida dos Bancos Centrais nos últimos anos, mas como as legislações entenderiam isso? Poderia ser encarado como uma desapropriação de um bem? Seria isso realmente política monetária, ou estaria mais para política fiscal? Questões ainda sem resposta clara, que devem mudar de legislação para legislação.

Outra discussão importante tem a ver com privacidade/anonimato, tema que já exploramos por aqui. Dependendo da estrutura da CBDC é possível que ela tenha as mesmas características do papel-moeda, mas no campo digital, isto é: seja anônima (não há registro de quem a detém), universal (qualquer indivíduo pode detê-la), "trocável" entre pessoas, sem necessidade de intermediários e isenta de juros, mas isso implicaria uma grande perda de controle por parte do Banco Central e demais reguladores.

Difícil ver essa forma de CBDC papel-moeda acontecendo na maioria dos países e mais especificamente no Brasil onde, por exemplo, com a Declaração do Imposto de Renda há a necessidade de se fazer uma declaração de bens para o regulador ter outra fonte de checagem da verdade.

122 A TOKENIZAÇÃO DO DINHEIRO

Um terceiro aspecto envolve a decisão entre implementar um sistema baseado em contas, similar ao atual, mas no qual, no caso da CBDC de varejo, a população teria acesso direto a contas nos Bancos Centrais em vez de nos bancos de varejo. A alternativa seria um sistema baseado em tokens, que funcionariam como uma representação digital do papel-moeda em formato de token, permitindo transferências entre quaisquer duas pessoas que possuam carteiras digitais na rede onde o token foi emitido.

Não podemos menosprezar também os impactos que essas CBDCs terão no mercado de moedas mundial. Hoje, fazer transferências entre diferentes países/moedas é custoso, burocrático e demorado. Com uma CBDC, seria possível tornar isso muito mais barato, ágil e fácil, com efeitos importantes para as economias.

Por fim, em países onde há uma grande parcela de desbancarizados, com alta penetração de smartphones e com elevada propensão a abraçar novas tecnologias (caso do Brasil), a implementação de uma CBDC de varejo poderia trazer uma imensa inclusão financeira, fato esse que, certamente, ajudaria no crescimento do país no médio/longo prazo.

As discussões e possibilidades para a tokenização da moeda por parte dos BCs são vastas, e cada país deve buscar aquelas que melhor refletem suas legislações e os anseios da sociedade. Não demorará para termos uma digitalização total do dinheiro, e os países que ficarem à margem desse processo serão deixados de lado no cenário mundial. A seguir analiso as razões pelas quais os BCs estão buscando emitir suas CBDCs.

5.2.1 Por que o Banco Central do Brasil (e todos os outros) querem emitir sua moeda digital?

A crescente tendência dos Bancos Centrais globais em direção à criação de Moedas Digitais do Banco Central (CBDCs) é impulsionada por três principais motivações.

A primeira é a capacidade da tecnologia atual de permitir que os Bancos Centrais se conectem diretamente com o público, eliminando intermediários. Atualmente, com a queda no uso de dinheiro físico e o sistema de reservas fracionárias, são os bancos comerciais que interagem com o público.

5. AS NOVAS FORMAS DE MOEDA   123

Quando os Bancos Centrais desejam implementar políticas de estímulo ao crédito, precisam persuadir esses bancos a emprestar, o que nem sempre acontece. Com uma CBDC, essa interação poderia ser mais direta e eficaz.

A segunda motivação é a proliferação de tokens que aspiram a funções monetárias. Estes variam desde criptomoedas como Bitcoin e Ethereum até Stablecoins lastreadas em moedas fiduciárias, como Tether e USDC, e até iniciativas de grandes corporações, como o PyUSD do PayPal.

A terceira razão é o surgimento de um sistema financeiro global descentralizado, onde tokens desempenham um papel crucial. Projetos sob o guarda-chuva do DeFi (Finanças Descentralizadas), como Uniswap e MakerDao, estão trazendo estruturas financeiras tradicionais para o ambiente digital.

Dada a evolução acelerada nessa direção, tornou-se evidente para os Bancos Centrais que a tokenização da moeda é uma necessidade iminente. A discussão agora gira em torno de "como" e "quando", e não mais "se" deve ser feito.

Publicações e discussões do BIS (o Banco Central dos Bancos Centrais) e de vários outros Bancos Centrais reforçam essa tendência. Além disso, vários países, como veremos mais adiante, já estão testando suas próprias CBDCs.

Embora haja riscos associados a essa transição, a necessidade de inovação está levando os Bancos Centrais a adotarem uma postura cada vez mais favorável à inovação. Nesse contexto, o Banco Central do Brasil tem se destacado com iniciativas como o Drex, PIX e o Open Banking.

Assim, seja para estabelecer contato direto com o público, reafirmar seu papel como guardião da moeda ou se preparar para a próxima grande inovação no setor financeiro, a adoção de uma CBDC no Brasil e em outros países parece ser apenas uma questão de tempo. E esse tempo pode ser mais curto do que imaginamos.

A discussão sobre CBDCs não são somente flores e muitos temem que essa tokenização da moeda via CBDCs seja acompanhada de uma perda enorme de privacidade da população. Será?

5.2.2 CBDCs e privacidade

Em todas as discussões contemporâneas sobre CBDCs, a questão da privacidade surge como um ponto central. Haverá capacidade por parte do Banco Central de bloquear nossos fundos? Estaremos limitados a gastar nosso dinheiro apenas onde e como for determinado? Essas são preocupações recorrentes no debate.

De onde partimos? Hoje temos, na maioria dos países, um sistema financeiro que é composto por órgãos normativos, supervisores e operadores. Apesar de não ser totalmente explícitas, a maioria das atividades dos Bancos Centrais estão na categoria de **supervisores** e os bancos e corretoras estão na categoria de **operadores** do sistema.

Quando nos concentramos nos modelos de arquitetura de CBDCs as atividades desenvolvidas por esses agentes podem ser alteradas. No modelo mais extremo, e pouco factível, poderíamos ter os Bancos Centrais (BCs) emitindo suas CBDCs diretamente para a população (CBDC de varejo), ou seja, cada indivíduo teria uma conta junto aos BCs.

Além disso, os BCs poderiam assumir também as funções de crédito e investimento, com uma CBDC que pagasse juros, por exemplo, fazendo quase todas as funções que os bancos comerciais fazem atualmente.

Por que acho isso pouco factível?

Imagine a estrutura que os BCs teriam que agregar para controlar todos os cadastros de contas? Fazer o KYC (Know Your Costumer) para todos? Analisar o crédito? E o pior, quem iria supervisionar isso? Sem contar todas as questões econômicas que isso implica: não teríamos mais um sistema onde os bancos criam moeda? Viraria tudo "base monetária", para usar um termo da economia? Como ficaria a velocidade de circulação da moeda? Há inúmeros outros pontos a serem considerados.

Percebo que muitos testes com CBDCs e a direção que o Drex está seguindo apresentam características bastante distintas do cenário descrito anteriormente. A maioria dos testes está sendo feita com CBDCs de atacado. Nestes modelos, as CBDCs atuariam como meio de troca entre os

Bancos Centrais e os agentes regulados do sistema, como bancos múltiplos e DTVMs, essencialmente substituindo o que já existe atualmente. No contexto brasileiro, o avanço pode não parecer tão significativo, dado que já possuímos um dos sistemas mais eficientes do mundo em termos de comunicação entre o Banco Central e os bancos comerciais. No caso do Drex do Brasil, teríamos além da CBDC de atacado a possibilidade da tokenização dos depósitos bancários, ou se preferir uma Stablecoin emitida pelos bancos. Portanto, neste modelo, teríamos CBDCs circulando entre os Bancos Centrais e os bancos, e Stablecoins regulamentadas sendo transacionadas entre os bancos e o público geral.

Retomando o tema de controle do Estado e privacidade, nesse modelo híbrido de CBDC de atacado e Stablecoin de varejo, as mudanças me parecem ínfimas nesse quesito, se é que há alguma.

Hoje, já temos nossas contas nos bancos sob a supervisão do Banco Central e mais, de todo o poder judiciário, que, no caso do Brasil, com um simples despacho de um juiz consegue automaticamente bloquear todas as contas que temos em todos os bancos. Esse controle ou possibilidade de bloqueio já existe, é eficiente e tem sido usado há anos.

O que vejo dessa discussão é a possibilidade desse mecanismo ser usado para o mal, como se o sistema todo se voltasse para um certo indivíduo e o perseguisse. Essa possibilidade pode até existir, mas não em modelos de Estados democráticos como os que temos na Europa, Estados Unidos e Brasil. Além disso, essa é uma discussão de modelo de Estado e não de CBDC.

Estados democráticos são um conjunto de regras que determinada população definiu, mas nem sempre é assim. Há Estados autoritários, ditadores e outros, e nada nos garante que os Estados onde estamos hoje não poderiam migrar para regimes similares. Agora ter ou não uma CBDC nesse modelo híbrido de CBDC+Stablecoin mudaria algo do que esse Estado ditatorial poderia fazer hoje? Acredito que não. Ter ou não uma CBDC não muda nada nesse sentido. Os órgãos de controle, supervisão e bloqueio já estão implementados.

Uma discussão paralela nesse sentido é o debate de mobilidade humana. Apesar de termos um mundo muito mais integrado hoje em dia, a migração de pessoas para outros países que não seja por situações de guerra, fome ou perseguição ainda me parece baixa. Hoje, mais do que nunca, se você está em um Estado que acha que não te representa mais, você tem vários outros que te aceitariam como cidadão dentro de seu país. É só questão de se planejar para tal.

Voltando ao tema das CBDCs, me parece que alguns começaram a falar sobre isso como aumentando o poder dos Estados, sendo mais um mecanismo de coação da população e isso colou. Poucos se deram ao trabalho de questionar se isso pode ou não ser verdade, ou talvez consigam entender a plenitude de como funciona o sistema financeiro mundial para analisar seus impactos.

Minha forma de ver essa discussão sempre passa por separar o Estado do sistema financeiro, não que isso seja fácil ou possível do ponto de vista prático, mas é superimportante do ponto de vista de conseguirmos separar os temas de discussão.

A tokenização da moeda via sistemas que utilizem Blockchain é um caminho a ser seguido e isso independe do Estado ou da moeda no qual ele está inserido. Muitos já estão testando esse caminho e acredito que, apesar de haver dúvidas ainda com relação a como, quando e que forma de se fazer isso, o rumo já está dado. A utilização de tokens para qualquer transação entre ativos traz enormes vantagens nos casos de uso, sendo alguns até tratados no decorrer deste livro. Dessa forma, se o governo que o está implementando é um governo ruim ou com tendências a tirar a liberdade das pessoas, uma coisa não tem nada a ver com a outra.

O exemplo que dou nesse sentido é sempre do absurdo – do ponto de vista de liberdades individuais e moeda – que foi feito pela ministra Zélia Cardoso de Mello em 1990, durante o governo do presidente Collor, no qual, da noite para o dia, todos os saldos bancários foram limitados a NCZ$ 50.000,00 e tudo acima desse valor foi bloqueado.

O objetivo era reduzir drasticamente a quantidade de moeda em circulação e controlar a inflação. A história demonstra que isso não funcionou, mas o ponto aqui é que não foi necessário ter CBDC para que se fizesse isso. Era somente necessário ter a moeda digitalizada, o que naquele momento o Brasil já tinha.

Ou seja, privacidade e confisco de valores, para mim, são questões de governo, instituições, regras e leis. Quanto mais robustas e independentes são as instituições que garantem isso, mais seguros nós, cidadãos, estamos – e não tem nada a ver com a infraestrutura de mercado vigente. Esse episódio descreve claramente que se o governo quiser fazer, ele faz. E olha que aqui estou falando de um caso do Brasil, uma democracia. Em ditaduras, essa conexão entre confisco e sistema é ainda menos relevante.

Dito isso, dado que são inegáveis as vantagens de se ter um sistema financeiro preparado para a tokenização, é necessário que ele consiga cumprir com todas as regras de privacidade que temos hoje.

5.2.3 Infraestrutura de rede para CBDCs

Não observei nenhum exemplo de pilotos e testes com CBDCs que esteja adotando redes não permissionárias, como a Ethereum, por exemplo. Isso ocorre por duas razões principais: a incerteza de compatibilidade das CBDCs com as regras atuais de privacidade nessas redes e a necessidade de um controle mais rigoroso sobre a rede.

Nesse sentido, os desenvolvimentos de CBDC estão ficando a cabo das Blockchains permissionárias desenvolvidas principalmente por Hyperledger, R3, Ripple e Stellar. Todas essas criaram estruturas para atender aos Bancos Centrais nos últimos anos e estão ativamente envolvidas nesses processos. Aqui vale uma explicação de cada uma delas:

5.2.3.1 Hyperledger

Hyperledger é uma iniciativa de código aberto focada em DLT que foi lançada em dezembro de 2015 pela Fundação Linux. Seu o objetivo é apoiar a colaboração entre desenvolvedores e empresas na área de Blockchains e DLTs. Seu foco é em empresas e usos corporativos.

Seu projeto mais conhecido é também o mais antigo, o Hyperledger Fabric, que nasceu de uma contribuição da IBM e foi, ao longo dos últimos anos, muito utilizado para casos de uso de *supply chain*, por exemplo.

Em 2023, no Brasil, o projeto Hyperledger Besu ganhou bastante popularidade por ter sido o escolhido pelo BCB (Banco Central do Brasil) para ser utilizado no piloto do Drex. O Hyperledger Besu é um projeto que tem compatibilidade com EVM e suporta um mecanismo de consenso de prova de autoridade. Ambos foram fatores importantes na escolha do BCB.

5.2.3.2 R3

R3 é uma empresa que nasceu em 2014 como um consórcio de instituições financeiras em pesquisa e desenvolvimento de soluções em DLT e que em 2015 se transformou em uma empresa de software empresarial.

Um dos principais produtos desenvolvidos pela R3 é a plataforma Corda, que foi projetada especificamente para atender aos requisitos regulatórios e de privacidade das instituições financeiras.

A R3 tem sido bastante atuante em projetos de CBDC e foi a plataforma escolhida nos projetos Jasper, que envolveu o Banco Central do Canadá, e a Icebreaker, que teve o BIS como coordenador. Entrarei em mais detalhes sobre esses projetos à frente.

5.2.3.3 Ripple

A Ripple é uma provedora de soluções empresariais em DLT e uma rede não permissionária que tem um token nativo (XRP) e que visa facilitar transações de câmbio entre moedas.

Nos últimos anos, houve muita controvérsia sobre se o XRP será ou não classificado como valor mobiliário nos Estados Unidos, o que gera confusão, pois o nome da rede é o mesmo da empresa. Dito isso, a Ripplenet, que é a plataforma empresarial, tem participado de alguns projetos interessantes, incluindo um com o Banco Central da Colômbia e outro com o Banco Central da Índia.

5.2.3.4 Stellar

A rede Stellar é uma dissidência da Ripple e foi criada com o objetivo de inclusão financeira e facilitação de operações de câmbio. Assim como a Ripple, ela tem uma rede pública não permissionária, a Stellar, que tem um token nativo (XLM).

O piloto da CBDC da Austrália suportou algumas soluções desenvolvidas com a rede e a Stellar tem buscado se envolver cada vez nesse ambiente de CBDCs, inclusive com a produção de relatórios bem interessantes.

Uma vez que já temos uma visão sobre as redes de DLT que estão sendo usadas para desenvolvimento de CBDCs, a seguir, trago minha visão sobre alguns pilotos e testes feitos por Bancos Centrais com CBDCs nos últimos anos. Aqui o objetivo não foi cobrir todos, que são muitos, mas pegar os que achei mais relevantes, seja pelo tamanho da economia, seja pelo tipo de teste que está sendo feito. Deixei propositadamente o caso do Drex, a CDBC do Brasil para o final, para que, ao chegar lá, você já tenha uma ideia muito boa do que está sendo feito pelo mundo e possa ver o Drex diante desse cenário.

5.2.4 Projeto Stella

O projeto Stella foi um dos mais antigos a explorar o uso potencial de DLT nas infraestruturas do mercado financeiro. Ele foi um projeto colaborativo entre o Banco do Japão (BOJ) e o Banco Central Europeu (ECB), lançado em 2017, com o foco inicial em aspectos de eficiência e segurança dos sistemas de pagamento em um ambiente DLT.

Os resultados iniciais indicaram que, naquela época, o DLT ainda não era uma solução adequada para grandes sistemas de pagamento como BOJ-NET e Target2.

Em sua segunda fase, concluída em 2018, o projeto explorou DVP, no ambiente DLT. Durante essa fase, foram desenvolvidos protótipos usando diversas plataformas DLT, e os achados mostraram que o DVP poderia funcionar nesse ambiente, considerando as especificidades de cada plataforma DLT. Em particular, destacou-se a possibilidade de "Cross-Chain Atomic Swaps", um mecanismo que permite transações entre diferentes registros sem a necessidade de uma conexão direta entre eles. Ainda assim, o projeto enfatizou que, embora haja potencial, são necessárias mais análises sobre a segurança e eficiência desses mecanismos e que aspectos legais, que não foram abordados no estudo, também precisariam ser explorados mais profundamente.

Já em 2019, tivemos a terceira – e até o momento, última – fase do projeto que explorou como os pagamentos transfronteiriços poderiam ser aprimorados por novas tecnologias, especialmente, no que diz respeito à segurança. O estudo aborda o risco de crédito se uma das partes envolvidas no pagamento falhar antes de concluir a transferência internacional, por exemplo.

Após experimentar diversos tipos de métodos de pagamento, o relatório conclui que apenas os métodos de pagamento com um mecanismo de liquidação forçada, seja através de DLT, seja ou mediante um terceiro de confiança, podem garantir a segurança do montante principal sendo transferido.

5.2.5 Projeto Jasper

O projeto Jasper foi uma das primeiras iniciativas de BCs com o intuito de explorar a viabilidade e o potencial da tecnologia de contabilidade distribuída (DLT) no gerenciamento e processamento de pagamentos em larga escala.

Ele foi liderado pelo Banco do Canadá (BOC) em parceria com outras entidades e teve início em 2017.

O projeto foi dividido em quatro fases. Uma primeira onde foi executada uma prova de conceito (POC) para um sistema de pagamento de atacado. O objetivo era entender como a compensação e liquidação poderiam ocorrer em uma plataforma DLT. Esta fase utilizou a plataforma da R3 (uma empresa de software Blockchain) e vários bancos canadenses.

Na segunda fase o escopo foi expandido para incluir novos recursos, como a integração de outros sistemas de mercado financeiro e a implementação de melhorias na privacidade e segurança das transações.

Na terceira, o projeto explorou a possibilidade de liquidação de valores mobiliários usando tokens em uma plataforma DLT. Isso envolveu a simulação de liquidações de valores mobiliários contra pagamentos (DVP) para entender como isso poderia funcionar usando DLT e se poderia alcançar melhorias de eficiência. O projeto foi realizado em colaboração com a TMX Group e a Payments Canada.

A quarta fase foi realizada com o intuito de testar transferências transfronteiriças e teve como parceiros a Autoridade Monetária de Singapura (MAS), a Accenture e o JP Morgan. Essa fase do projeto foi feita em conjunto com o projeto Ubin, liderado pela MAS. Seus resultados auxiliaram o BOC a entender melhor como DLT poderia trazer segurança e eficiência a pagamentos transfronteiriços e em diferentes moedas usando diferentes tipos de plataformas DLT.

Tendo essa última fase encerrado em 2019, depois disso o BOC desenvolveu alguns papers e, em conjunto com o BIS, criou o BIS Innovation Hub Center, em Toronto.

5.2.6 e-CNY (DCEP), China e os testes com CBDC

Um dos testes interessantes de se acompanhar nos últimos anos foi realizado pelo Banco Central da China (PBOC) com sua CBDC, que chamaremos aqui de DCEP, e que é muitas vezes referida em reportagens e na literatura como e-CNY.

Em outubro de 2020, o PBOC fez os seus primeiros testes via uma loteria para sortear as pessoas que receberiam 200 yuans cada (aproximadamente 30 dólares americanos) em DCEP. Na sequência ao sorteio, o governo de Shenzhen, em parceria com o PBOC, distribuiu 10 milhões de yuans (cerca de 1,5 milhão de dólares americanos na época) em DCEP para residentes.

Os residentes de Shenzhen puderam se inscrever para a loteria e 50 mil vencedores foram escolhidos aleatoriamente. Os vencedores foram incentivados a gastar seu DCEP em estabelecimentos locais participantes durante a semana de promoção, sendo que após isso a DCEP perderia seu valor, ou seja, não seria mais trocada com a moeda local no 1:1.

Essa forma de testar uma CBDC tem conceitos que muitas startups seguem, como, por exemplo, desembolsando um valor para incentivar que o público testasse sua plataforma conseguindo, assim, uma validação externa sobre ele. O fato de ter sido feito via uma loteria também viabilizou que ele tivesse inúmeros cadastros feitos na plataforma.

Geralmente, os Bancos Centrais só têm contato direto com a população por meio do papel-moeda, pois as demais operações são realizadas através de intermediários, como os bancos. No entanto, nesse caso específico, o Banco Central conseguiu acessar as pessoas diretamente.

Isso reforça a tendência de desintermediação no mercado financeiro, permitindo que a população tenha acesso direto ao principal ente financeiro do país. Essa é uma tendência evidente em todo o mundo, sendo a China um dos principais expoentes dessa movimentação.

Esses fatores são muito importantes, mas, para mim, a grande inovação é o fato de esse teste ter envolvido duas coisas que pouco estão associadas à moeda dos países: prazo de validade (juros negativos) e limitação territorial no país.

Como quem ganhava os $ 30 equivalentes em DCEP tinha um prazo para gastar, o que foi testado aqui, do ponto de vista macroeconômico, é a aplicação de juros negativos à moeda. Imagine a situação em que você em um dia tenha R$ 100,00 na sua carteira e periodicamente esse valor vá diminuindo, por exemplo, R$ 1,00 por semana.

Isso em termos econômicos é equivalente à aplicação de juros negativos ao seu dinheiro. Com o papel-moeda isso não é possível. Uma nota de R$ 100,00 será sempre uma nota de R$ 100,00, mas, no campo digital, essa aplicação de juros negativos não somente é possível, como está sendo amplamente discutida no campo acadêmico e agora temos alguém testando isso.

Vale ressaltar que falamos aqui de juros nominais e não do poder de compra desse dinheiro, que pode, sim, ser corroído, ou de juros reais (acima da inflação).

Outro ponto é esse prêmio da loteria ter tido uma área geográfica onde ele pode ser gasto. Quando um governo emite moeda, hoje esta pode ser gasta em qualquer região daquele país ou área econômica que a utilize. No caso do DCEP, o que foi testado é uma emissão da moeda que tenha seu gasto limitado a uma área.

Para visualizarem melhor, é como se o auxílio dos R$ 600,00 feito no Brasil durante a pandemia ou, mais amplamente, os valores associados ao Bolsa Família, ou a aposentadoria recebida por um pensionista, pudesse ser gasto só, e apenas, em determinada localidade, gama de produtos ou serviços. As repercussões do ponto de vista de alocação de recursos são imensas e o papel do Banco Central se sobrepõe ainda mais ao do Tesouro. Isso sem contar as inúmeras utilizações que isso pode ter nas implementações de sistemas de renda básica universal (UBI).

Falando em "economês", políticas fiscais e monetárias praticamente se fundem e preocupações em relação à politização dos Bancos Centrais se agregam às de segurança digital, desintermediação financeira, sistema de moedas fracionárias, entre outras.

Voltando ao DCEP, desde a execução dessa loteria e distribuição de DCEPs, no final de 2020, o PBOC expandiu as localidades onde esses testes são feitos. Um dos testes, inclusive, foi feito no início de 2022 nas Olimpíadas de Inverno, onde tivemos mais de USD 315 milhões movimentados através da plataforma. No final de 2022, o PBOC incluiu os DCEPs ao seu relatório de dinheiro em circulação que já contava com uma emissão de 13,6 bilhões de DCEP (o equivalente a aproximadamente 2 bilhões de dólares). Isso ainda é insipiente, mas com uma trajetória claramente crescente.

Como já comentamos, a motivação da China ao implementar a DCEP vai além de uma melhoria no seu sistema financeiro, tangenciando questões de controle da moeda e meios de pagamento, já que por lá grande parte dos pagamentos são feitos através de plataformas privadas como o Wechat e Alipay.

Assim como muitas das inovações do mercado financeiro vieram da China nas últimas décadas, acredito que seja uma jurisdição para ficarmos de olho.

5.2.7 Austrália

Em novembro de 2020, o Banco Central da Austrália (RBA) formou uma parceria com o Commonwealth Bank of Australia, National Australia Bank, Perpetual e a empresa de softwares ConsenSys para pesquisar uma CBDC (Moeda Digital de Banco Central) baseada em DLT. Essa parceria tinha como objetivo desenvolver um protótipo de emissão de uma CBDC tokenizada que pudesse ser usada por participantes do mercado interbancário para financiamento, liquidação e pagamento de um empréstimo sindicado tokenizado em uma plataforma DLT baseada em Ethereum. Este projeto foi chamado de "Projeto Átomo".

O Projeto Átomo foi concluído em 2021, culminando com um relatório que ofereceu recomendações técnicas e políticas para pagamentos via CBDC de atacado. Já em agosto de 2022, o Banco Central australiano comunicou que realizaria estudos para identificar possíveis lacunas no sistema de pagamentos atual e como uma CBDC poderia supri-las. Como parte dessa investigação, o banco, em parceria com o Digital Finance Cooperative Research Centre (DFCRC), planejou um projeto piloto para explorar usos inovadores para a CBDC.

Em setembro de 2022, o RBA iniciou o processo para fazer um piloto que testaria diferentes aplicações durante os meses seguintes. Esse piloto, que terminou em julho de 2023, englobou casos de uso em quatro temas principais:

1. mercados (tokenização de ativos, inclusive);
2. pagamentos;
3. dinheiro digital;
4. inclusão financeira.

O piloto envolveu a exploração de mais de 160 cenários de uso, com 16 deles sendo escolhidos diretamente pelo RBA. O projeto utilizou a Blockchain da Consensys (Quorum), que é compatível com EVM. No entanto, o RBA enfatizou que o foco não estava em testar a tecnologia em si, mas sim suas aplicações práticas. Vale destacar que diversos casos de uso foram desenvolvidos em outras Blockchains e posteriormente integrados à Blockchain principal do piloto.

Mesmo sendo apenas um teste, as CBDCs emitidas foram contabilizadas pelo RBA, ou seja, elas tiveram existência real durante o período de experimentação. Ao final, AUD$ 500.000 (equivalente a cerca de USD 300.000) emitidos foram recomprados e posteriormente destruídos. Embora o montante seja modesto, é significativo por testar a integração com a contabilidade nacional.

O relatório final do piloto apresentou uma visão otimista sobre os resultados, mas não forneceu indicações claras sobre os próximos passos para a CBDC australiana. Para nós, brasileiros, é crucial observar o caso australiano, especialmente porque, assim como o Brasil com o PIX, a Austrália já tem uma solução robusta para pagamentos instantâneos.

5.2.8 Estados Unidos

Apesar de os Estados Unidos da América serem os detentores da moeda mais utilizada no mundo, a arquitetura do seu sistema financeiro é bastante insuficiente. Para se ter uma ideia, pagamentos instantâneos foram implementados somente em 2023 e, ainda assim, com uma tração e utilização inicial infinitamente inferior ao PIX nos seus primeiros meses.

Dito isso, a exploração de CBDC por lá também acontece. Alguns FEDs regionais têm emitido papers sobre o assunto e o FED de Nova York está trabalhando com o BIS para identificar tendências críticas e tecnologia financeira relevante para Bancos Centrais.

O FED de Boston, por exemplo, está colaborando com a Iniciativa de Moeda Digital do MIT no "Projeto Hamilton", que tem explorado CBDCs no sentido de pagamentos e, em sua primeira fase, chegou a arquiteturas que possibilitavam até 1,7 milhão de transações por segundo – cifra muito maior do que temos hoje nos sistemas tradicionais –, mas, para isso, teve que renunciar ao histórico de transações. O projeto encontrou trade-offs importantes entre escalabilidade, privacidade e auditabilidade.

Em novembro de 2022, o Federal Reserve de Nova York anunciou o Projeto Cedar, em parceria com a autoridade monetária de Singapura para testar operações de câmbio via uso de DLT.

5.2.9 Europa

Estudos que envolvam uma CBDC em Euros têm a complexidade inerente de estarmos utilizando vários Bancos Centrais ao mesmo tempo; por outro lado, são casos interessantes de acompanharmos por conta da necessidade de se endereçar a interoperabilidade de um sistema baseado em DLT aos vários sistemas de pagamentos locais ao mesmo tempo. Além disso, o ganho de se ter um sistema único para o Euro traz enormes benefícios de eficiência perante os modelos atuais. Apesar do Target2 ter dado uma linearizada nos sistemas, principalmente no que tange à conexão entre os sistemas dos vários países, os sistemas de pagamentos instantâneos ainda têm base local, o que faz com que, apesar de ser a mesma moeda – o Euro – cada país tenha o seu.

A França é um dos países que mais testa CBDCs no ambiente europeu. Seus esforços se iniciaram em maio de 2020, quando o Banco Central da França (BdF) realizou um teste que envolveu a venda de títulos em uma DLT que foi conduzido pelo Société Générale Forge. Quase um ano depois, em abril de 2021, o BdF colaborou com a Société Générale Forge e o Banco Europeu de Investimento (BEI) para usar CBDCs na liquidação de títulos digitais emitidos pelo BEI via Blockchain. Em dezembro de 2021, o BC francês concluiu a primeira fase de testes de um CBDC de atacado que contou com a participação do HSBC. O BdF também esteve envolvido no projeto Jura do BIS que veremos mais adiante.

No que tange ao Banco Central Europeu (ECB), esse também fomenta os estudos em relação ao Euro digital e, em outubro de 2021, lançou a fase de investigação do projeto do "euro digital". Esta fase visava abordar questões centrais sobre seu design e distribuição. Os resultados do protótipo, constantes do seu quarto "report", indicaram que um euro digital poderia ser facilmente integrado em vários casos de uso existentes e funcionar on--line e off-line. Pesquisas de mercado revelaram a existência de um número suficiente de provedores europeus prontos para desenvolver soluções para o euro digital.

No âmbito da Europa também há órgãos da iniciativa privada que têm fomentado e auxiliado muito o desenvolvimento e as discussões sobre CBDCs. Entre eles, temos a Digital Euro Association (DEA).

5.2.10 Projetos envolvendo o BIS Innovation HUB

O BIS Innovation Hub, braço de inovação do Banco Mundial (BIS), tem estimulado, de maneira inequívoca, os trabalhos relativos às CBDCs. Seu foco tem sido, majoritariamente, na interoperabilidade e nas operações crossbroader, transfronteiriças, em outras palavras, câmbio. Abaixo coloco alguns desses projetos, uns já encerrados, outros em pleno andamento.

5.2.10.1 Projeto Mariana

O projeto é uma colaboração entre o BIS Innovation Hub, o Banco da França, a Autoridade Monetária de Singapura e o Banco Nacional Suíço, com o objetivo de testar o uso de Blockchain para operações e liquidações de câmbio. Ele combina operações de câmbio e liquidação em uma única etapa instantânea usando CBDCs para transações transfronteiriças, buscando eliminar riscos de crédito e liquidação.

138 A TOKENIZAÇÃO DO DINHEIRO

Este projeto destaca a interoperabilidade entre diferentes moedas digitais de bancos centrais, evitando a criação de sistemas isolados. A ideia é garantir flexibilidade em um sistema financeiro tokenizado, onde os bancos centrais mantenham autonomia em seus respectivos contextos domésticos.

Mariana baseou-se em "Automated Market-Maker" (AMM), que são contratos inteligentes que usam pools de liquidez para trocar ativos tokenizados, e que estão na base do funcionamento das plataformas de DeFi Uniswap e Curve.

Aqui, testou-se um padrão comum para CBDCs, permitindo a interoperabilidade entre diferentes moedas e implementando mecanismos de governança no nível do token. A questão da interoperabilidade tem sido frequentemente destacada pelo BIS. Eles observam que muitos países estão conduzindo testes com CBDCs voltados principalmente para o mercado interno. Isso poderia resultar em uma arquitetura global complexa para garantir que esses sistemas se comuniquem eficientemente. Tal complexidade poderia comprometer uma das principais vantagens desses sistemas: a capacidade de trocar tokens facilmente, tanto nacional, quanto internacionalmente.

O ponto interessante desse projeto foi o uso de um token no mercado local CBDC e outro, emitido pelos bancos wCBDC, que serviram para as trocas internacionais. Foram testadas trocas diretas entre moedas, através do mecanismo de AMM e o processo de prover liquidez para os pools internacionais através das trocas de moeda (tokens wCBDC).

O projeto teve seu relatório interino publicado em junho de 2023 e será seguido de relatórios conclusivos adicionais, mas, pelo conteúdo do projeto, seu escopo e suas conclusões preliminares, a arquitetura proposta parece bem promissora.

5.2.10.2 Projeto Icebreaker

O projeto Icebreaker foi uma colaboração entre o Banco de Israel, o Norges Bank (Banco Central da Noruega), o Sveriges Riksbank (Banco Central da Suécia) e o BIS Innovation Hub com o objetivo de explorar os benefícios e desafios potenciais do uso de CBDC (moeda digital do banco central) em pagamentos transfronteiriços e teve sua conclusão em junho de 2023.

O projeto focou em testar a viabilidade técnica de realizar transações transfronteiriças e entre diferentes moedas, usando diferentes provas de conceito de CBDC baseadas em DLT (tecnologia de registro distribuído).

Seu objetivo principal foi obter um entendimento mais profundo das tecnologias usadas e identificar as principais escolhas técnicas e políticas, bem como os compromissos que os bancos centrais precisariam considerar ao projetar implementações de CBDC que facilitassem pagamentos transfronteiriços.

O Projeto Icebreaker demonstrou que os BCs podem ter quase total autonomia ao projetar seu sistema doméstico de CBDC, mas ainda assim podem participar de um arranjo interligado formalizado para possibilitar pagamentos transfronteiriços.

Para isso, eles devem considerar no seu desenvolvimento o uso de redes que aceitem liquidação condicional, ou Smart Contracts, que tenham disponibilidade 24/7, respeitem os padrões atuais de mensageria e com flexibilidade para se adaptar a padrões futuros que considerem formas de garantir liquidez e promovam incentivos transparentes e competitivos para os participantes do mercado de câmbio.

O relatório final também aponta que a implementação do modelo proposto pelo Icebreaker exigiria abordar várias considerações tecnológicas, políticas e legais.

O modelo Icebreaker poderia servir como uma plataforma para introduzir inovações em pagamentos (como entrega versus pagamento e casos de uso de dinheiro programável) que os países poderiam considerar no contexto do desenvolvimento das capacidades transfronteiriças de seus sistemas CBDC.

5.2.10.3 Projeto mBridge

O Projeto mBridge experimentou pagamentos transfronteiriços usando DLT.

A proposta do mBridge é que uma plataforma multi-CBDC comum, eficiente e de baixo custo possa fornecer uma rede de conectividade direta entres os BCs e participantes diversos do mercado financeiro.

Para testar essa proposta, uma nova Blockchain nativa – o "Ledger mBridge" – foi especialmente projetada e desenvolvida. Especial atenção foi dada a funcionalidade modular, escalabilidade e conformidade com requisitos legais e políticos específicos de cada jurisdição, além de regulamentações e necessidades de governança.

O design da plataforma garantiu que o mBridge siga cinco princípios para CBDC, assim definidos pelo BIS:

1. não causar danos;
2. melhorar a eficiência;
3. melhorar a resiliência;
4. garantir coexistência e interoperabilidade com sistemas não CBDC;
5. promover a inclusão financeira.

Durante seis semanas, a plataforma mBridge foi testada em um piloto envolvendo transações de valor real focadas no comércio internacional. Entre 15 de agosto e 23 de setembro de 2022, vinte bancos comerciais de Hong Kong SAR, China Continental, Emirados Árabes Unidos e Tailândia realizaram transações de pagamento e câmbio (FX) em nome de seus clientes usando as CBDCs emitidas em mBridge por seus respectivos BCs. Mais de USD 12 milhões foram emitidos na plataforma, facilitando mais de 160 transações, totalizando mais de USD 22 milhões em valor.

Até o momento atual deste piloto, já é possível perceber o poder da tecnologia em simplificar operações transfronteiriças. Contudo, também se revelou necessário explorar mais profundamente certos aspectos, os quais envolvem considerações políticas, legais e regulatórias. Especificamente questões como o acesso direto de participantes estrangeiros ao dinheiro do Banco Central e a execução de transações em um registro compartilhado demandarão uma análise mais cuidadosa de aspectos relacionados a política, privacidade de dados e governança.

5.2.10.4 Projeto JURA

O projeto Jura foi uma iniciativa colaborativa público-privada envolvendo o Banque de France, o BIS Innovation Hub, o Swiss Centre, o Banco Nacional Suíço e um consórcio do setor privado. O objetivo foi investigar a transferência direta de moedas digitais de banco central (CBDCs) em Euro e Franco suíço, entre bancos comerciais franceses e suíços, em uma plataforma DLT gerida por um terceiro. Operações de ativos tokenizados e câmbio foram realizadas com segurança através do mecanismo de DVP.

O projeto teve sua conclusão em dezembro de 2021 e foi conduzido em um cenário quase real, utilizando transações de valor real e cumprindo regulamentações do momento em que foi feito, demonstrando que sua implementação seria possível.

5.2.10.5 Projeto SELA

O Projeto Sela, uma parceria entre o BIS e os bancos centrais de Hong Kong SAR e Israel, foi lançado com o intuito de explorar a viabilidade de emitir uma CBDC de varejo (ou rCBDC, como foi denominada) que desempenhasse funções similares às do dinheiro físico. Os resultados desse projeto, divulgados em setembro de 2023, demonstraram que é possível operar uma rCBDC por meio de uma rede gerida pelo Banco Central. Nesse modelo, surge um novo agente, o Controlador de Acesso (AE), responsável por gerenciar a interação da rCBDC com o público. O projeto Sela conseguiu evidenciar que uma rCBDC, sob a operação de um Banco Central e promovendo acesso, concorrência e inovação em serviços de pagamento, não acarreta necessariamente um aumento nos riscos de segurança cibernética.

O acesso à rCBDC, com base na AE pode reduzir as barreiras de entrada, ampliar a concorrência e a inovação nos serviços de pagamento usando rCBDC.

Os resultados do Sela também indicaram que, com um design arquitetônico preventivo e cuidadoso, os riscos de segurança cibernética podem ser mitigados.

142 A TOKENIZAÇÃO DO DINHEIRO

Neste capítulo, mergulhamos em alguns dos projetos mais notáveis conduzidos pelo BIS Innovation HUB. Embora tenhamos destacado aqueles em estágios avançados ou com temas e testes particularmente intrigantes, é essencial reconhecer que este é apenas um vislumbre do vasto universo de inovações em andamento. O BIS está na vanguarda da revolução digital no setor bancário central, e cada projeto é um testemunho da busca contínua por soluções mais eficientes e seguras para o sistema financeiro global. Para aqueles que desejam se aprofundar ainda mais e explorar outros projetos ou acompanhar a evolução dos mencionados aqui, recomendo uma visita ao site oficial do BIS Innovation Hub, especificamente na seção dedicada à moeda digital do banco central (CBDC). A jornada de inovação é contínua, e o futuro promete ser repleto de transformações significativas.

5.2.11 Drex

Chegou a hora de mergulharmos no Drex, a plataforma da CBDC brasileira que é um dos exemplos de uma arquitetura híbrida.

O Drex será a plataforma pela qual teremos o Real Digital (CBDC de atacado ou também chamado de Drex de atacado) e o Real Tokenizado (Stablecoin que tem como lastro o depósito bancário, ou seja, depósito bancário tokenizado ou Drex de varejo).

Em 6 de março de 2023, o BCB (Banco Central do Brasil) deu início a um piloto que se estenderá até o final de 2024, explorando um novo modelo de moeda digital em uma plataforma chamada DLT. Neste contexto, a plataforma Drex abrigará dois conceitos principais:

1. **Real Digital/Drex de atacado**: Uma CBDC de atacado, que será negociada apenas entre o BCB e entidades selecionadas, como bancos e agentes autorizados.

2. **Real Tokenizado / Drex de varejo**: Basicamente é a digitalização do nosso depósito bancário tradicional.

Além desses, a plataforma também contará com a circulação de títulos públicos em formato digital.

A plataforma em teste será multifacetada, capaz de suportar diversos tipos de tokens. Isso significa que, além do Real Digital e do Real Tokenizado, outros tokens poderão ser integrados e circular nessa infraestrutura. Um exemplo imediato é o token de um título público emitido pelo Tesouro Nacional.

O documento de lançamento detalha vários procedimentos técnicos que serão avaliados, incluindo a emissão, a destruição (ou "queima") e a troca entre esses tokens. O processo se inicia com o Real Digital, avança para o Real Tokenizado e, por fim, aborda o token do título do Tesouro.

Se este teste demonstrar resultados positivos, a porta estará aberta para a inclusão de outros valores mobiliários na plataforma. O piloto utilizará no teste a rede permissionária da Hyperledger Besu, que é compatível com EVM (Ethereum Virtual Machine). Isso possibilita que, com pouca adequação, um protocolo desenvolvido para funcionar na Ethereum possa ser copiado em outra Blockchain que tenha essa compatibilidade e vice-versa.

Por ser permissionária, o BCB poderá definir quem terá acesso a que tipo de dados e informações na plataforma do Drex. Agentes têm permissões diferentes, o que garante que as regras de privacidade vigentes possam ser consideradas.

O fato de a Hyperledger Besu ser compatível EVM abre espaço para que o Drex possa trazer para dentro praticamente tudo o que está sendo desenvolvido em DeFi, na rede Ethereum. E não somente isso, soluções de privacidade que estão usando Zero Knowledge (ZK) que sejam EVM compatível também poderão ser incorporadas no futuro. O Drex se beneficia de tudo que já foi desenvolvido e de tudo que será desenvolvido, tornando-se uma possível "esponja" toda e qualquer inovação que está ocorrendo no mundo das Blockchains públicas não permissionárias. Uma possibilidade nunca vista. Essas Blockchains se transformam em uma grande "sandbox" para o Drex e para o Banco Central do Brasil.

Outro ponto notável no texto de lançamento é a frequente menção a termos associados à DeFi (Finanças Descentralizadas). Palavras como "Smart Contracts", "token" e "tokenização" estão presentes em todo o documento. Além disso, o conceito de "componibilidade", intrinsecamente ligado ao universo "lego" da DeFi, também é destacado.

Chama a atenção a citação de um único artigo acadêmico que serviu como inspiração para as etapas do teste. Intitulado "Decentralized Finance: On Blockchain – and Smart Contract – Based Financial Markets"[23], ou, em tradução livre, "Finanças Descentralizadas: Um Mercado Financeiro Baseado em Blockchain", o trabalho investiga os riscos e as oportunidades emergentes no cenário da DeFi.

Uma comparação intrigante pode ser feita entre o Drex e o STR (Sistema de Transferência de Reservas). O Drex pode ser entendido como uma evolução do STR, uma espécie de "STR 2.0", mas com a tecnologia DLT como base. Claro, essa analogia tem suas limitações, mas é útil. Assim como o STR foi a espinha dorsal de sistemas como TED e DOC, o Drex será a plataforma para o Real Digital, Real Tokenizado, títulos públicos tokenizados, entre outros. E, da mesma forma que o termo STR era de conhecimento de um grupo restrito de especialistas, o nome Drex pode seguir um caminho similar no futuro. Um dos aspectos inerentes ao Drex é que a possibilidade de implementar travas que afetem os indivíduos **continua a ser pressuposto dos intermediários (bancos, em sua maioria),** já que eles têm o contato direto com o cliente, sabem quem ele é e passaram esse cliente por processos de KYC e AML. A CBDC, em si, deve ter algum tipo de trava, mas aqui a questão é mais de controle e risco do sistema como um todo.

Quando digo que "continuam a ser feitas pelos bancos", quero dizer exatamente isso! Se compararmos a situação que temos hoje, não muda nada em relação a nossa privacidade e acesso ao nosso dinheiro. Nosso dinheiro que está no banco hoje pode ser congelado caso, por exemplo, haja um requerimento judicial para isso. O judiciário pede e o banco bloqueia. Esse mecanismo já existe e continuará existindo.

---

[23] "Decentralized Finance: On Blockchain – and Smart Contract – Based Financial Markets". Disponível em: https://papers.ssrn.com/sol3/papers.cfm?abstract_id=3571335.

Quanto aos objetivos de se fazer o piloto do Drex, está bastante claro que o BCB quer testar a possibilidade de auferir as vantagens da componibilidade de DeFi em uma rede permissionária gerida pelo BCB.

Em DeFi, um dos grandes alicerces do ecossistema que foi, e está sendo construído, se relaciona com a componibilidade ou, em outras palavras, o "lego" que a estrutura permite.

Temos vários protocolos "especialistas" que fazem a captura de preços e conferem publicidade aos preços (Oracles), que permitem a negociação via mecanismos de AMM (Automated Market Maker), organizam pools de liquidez e por aí vai. Todos esses mecanismos acabam, de uma forma ou de outra, se interligando em um grande "lego" de produtos financeiros descentralizados. A componibilidade é a forma pela qual tudo isso é possível. Como se tivéssemos várias peças de um jogo que pudessem se encaixar perfeitamente.

Os Oracles de preço, tema já explorado em capítulo anterior, representam um dos exemplos mais claros e intuitivos. Para o eficiente funcionamento do mecanismo de AMM, amplamente adotado por diversas exchanges descentralizadas (DEX) como Uniswap e Curve, é crucial conhecer o preço atual de dois ativos. Isso é necessário tanto para determinar o pagamento em um pool de liquidez, considerando a quantidade do ativo depositado e emprestado, quanto para estabelecer seu preço. O sistema depende integralmente de uma fonte confiável de preço. A ausência dessa fonte pode comprometer o sistema, um cenário ainda observado com ativos de baixa liquidez, que apresentam grande incerteza em relação ao seu valor.

O exemplo dos Oracles é simples e facilmente compreendido, mas uma análise mais profunda revela uma interconexão significativa entre todos os protocolos de DeFi. Esta interconexão é grandemente facilitada pela natureza de código aberto de todos os protocolos e pela transparência total das transações. Com todas as informações publicadas na Blockchain, qualquer pessoa com conhecimento básico sobre seu funcionamento pode acessar e analisar os dados. A acessibilidade desses dados é fundamental para o surgimento e desenvolvimento de robustos modelos de negócio.

146 A TOKENIZAÇÃO DO DINHEIRO

Isso, para DeFi, é muito claro e muito útil, mas quando vamos para uma rede permissionária de um Banco Central, a parte da privacidade de todas essas transações acaba sendo um ponto de discussão, ou em outras palavras: o grande ponto que o piloto quer responder é: "Como fazer para garantir esse mesmo nível de componibilidade de DeFi sem infringir nenhuma regra de privacidade ou LGPD?". É uma pergunta honesta.

As principais redes de Blockchain públicas que conhecemos (Bitcoin e Ethereum) pareciam ter uma privacidade enorme ao não nomear os detentores das suas contas (chaves públicas), mas cada vez mais se consolida o entendimento de que essas redes têm uma pseudoprivacidade. O caso de pessoas implicadas em crimes identificados anos depois envolvendo o Bitcoin, demonstra o fato de maneira inequívoca. A pseudoprivacidade desse ambiente é – ou deveria ser – conhecida e entendida por todos que atuam nele.

Porém, no que se refere a uma rede permissionária organizada por um Banco Central (BC), a conversa é diferente. Os BCs, assim como todas as empresas de determinado país, têm que garantir que suas atividades, e o que elas provêm, estejam de acordo com as leis do país. Quando falamos do Brasil, existe uma lei de proteção de dados (LGPD) que é específica em relação ao que deve acontecer com os dados que disponibilizamos ou produzimos em ambientes digitais.

Uma possível solução para isso, no caso do Real Digital, poderia ser, restringir o uso dos dados apenas às partes envolvidas nele, assim como ocorre hoje. Os dados da TED, ou seu cadastro em um banco, ficam restritos a você e ao banco, a não ser que, via permissões que o open finance definem, você peça para seu banco prover essas informações para um terceiro. Isso resolveria a questão de privacidade que se coloca no sistema do Real Digital, mas seria um desastre em termos da componibilidade do sistema, já que ninguém mais, além das partes envolvidas, poderia acessar esses dados.

Como criar um Oracle de preços de negociação de títulos públicos sem que você consiga ter acesso às transações, à medida que elas ocorrem? Esse é um dos exemplos do impacto caso essa decisão fosse tomada.

Isso dificultaria e muito a criação de um "lego" financeiro sobre essa rede do BCB.

Não podemos ir ao extremo de total transparência, pois isso violaria a LGPD. Se adotássemos uma abordagem completamente aberta, em pouco tempo, seria possível mapear e identificar todas as transações de contas. Por exemplo, poderíamos determinar quanto XP, Itaú, Santander e outros estão negociando em um título público específico, bem como os preços e spreads associados. Embora essa transparência possa parecer benéfica para a sociedade em alguns contextos, ela entra em conflito direto com a LGPD. Talvez o exemplo mais impactante seja a ideia de que todas as suas informações financeiras estariam disponíveis para qualquer pessoa acessar. A transparência é essencial, mas é crucial determinar seus limites, e é nesse contexto que a LGPD atua, estabelecendo os parâmetros adequados. O piloto do Drex deve se concentrar em encontrar um ponto ótimo entre esses dois, ou seja, buscará a maior componibilidade possível, ao mesmo tempo que garantirá todas as regras de privacidade que a lei define.

Os caminhos, as formas e a arquitetura de rede que permitiriam isso são inúmeros, mas nenhum que já tenha sido testado é consenso na sua utilização. Não há bala de prata. Outra forma de ver esse dilema entre componibilidade e privacidade é analisá-lo quanto à transparência em comparação à privacidade. No caso do Drex, a busca é pela máxima transparência possível, garantindo as regras de privacidade que a lei define.

Muitos colocam Zero Knowledge (ZK)[24] como a tecnologia que possa permitir essa disponibilização dos dados sem infringir itens de privacidade, mas ainda temos um tempo para que essa alternativa seja bem testada em DeFi e possa ser utilizada por um Banco Central.

No mundo de DeFi a transparência é muito maior do que nos sistemas financeiros atuais, o que permitiu, e permite, que sejam desenvolvidos modelos de negócio únicos e muito disruptivos, e é isso que o Real Digital busca ao definir uma rede que seja compatível EVM. A dúvida a ser

---

[24] Gustavo Cunha. "Saindo do Zero em Zero Knowledge (ZK)", 22 mar. 2023. FinTrender. Disponível em: https://www.fintrender.com/p/saindo-do-zero-em-zero-knowledge.

148 A TOKENIZAÇÃO DO DINHEIRO

respondida é se é possível obter isso em uma rede permissionária e que estaria sobre o guarda-chuva da LGPD.

5.2.11.1 Para que precisaremos do Drex se já temos o PIX?

Para entender a distinção entre as duas redes, Drex e SPI (a plataforma por trás do PIX), retomemos o exemplo da venda e do pagamento de um carro usado. Imagine um cenário futuro com a plataforma Drex em pleno funcionamento, onde temos tokens representando tanto nosso depósito bancário quanto o carro que desejamos vender. Através da automação proporcionada pelo Drex e potencializada pelos Smart Contracts, poderíamos trocar esses tokens (carro e real tokenizado) de forma que a liquidação do token do carro ocorresse no Drex e a liquidação do depósito bancário pelo PIX.

Mas essa é a abordagem proposta nos testes piloto do Drex? Não exatamente. Nos fluxos propostos, a liquidação em reais ocorreria através da queima do real tokenizado em uma instituição bancária ou de pagamento (chamemos de IP para simplificar). Em seguida, haveria a transferência do Real Digital (a CBDC de atacado) entre as IPs, culminando na criação de um novo real tokenizado na instituição destinatária. Tudo isso aconteceria dentro do Drex. Embora esse seja um método provável para transações que exigem liquidação atômica (conhecida como DvP em inglês), não é o único viável, como demonstrado no exemplo anterior.

Quanto à possibilidade de a população acessar diretamente as funcionalidades do Drex, isso parece improvável no início. Ao contrário do PIX, que foi projetado para ser uma plataforma de pagamentos instantâneos acessível a todos desde o começo, o Drex é voltado para a tokenização em larga escala.

E qual abordagem deveria vir primeiro? O PIX já simplificou muitos processos, mas com uma moeda programável, debates como esse se tornam obsoletos, pois as operações poderiam ser executadas simultaneamente. Esse é apenas um exemplo básico das possibilidades. As inovações em DeFi já estão apresentando modelos mais avançados e eficientes que exploram a programabilidade da moeda.

O foco deve ser tornar nossa moeda programável o mais rápido possível, garantindo segurança e mantendo os padrões de privacidade atuais. E é exatamente essa direção que vejo sendo adotada na implementação do Real Digital e nas CBDCs ao redor do mundo.

Acredito que esse capítulo tenha sido um pouco mais denso e lotado de conteúdo e conceitos que muitos não estão acostumados a tratar no dia a dia, mas é, muito provavelmente, **o capítulo mais importante deste livro**.

Se, assim como eu, você acredita na tokenização das moedas, é crucial entender que isso pode ocorrer por meio de Stablecoins ou CBDCs. Nesse contexto, torna-se essencial compreender os diferentes tipos, modelos, debates e arquiteturas de rede em discussão atualmente.

A tokenização do dinheiro está avançando rapidamente e, conforme já mencionei anteriormente, em breve utilizaremos Stablecoins e/ou CBDCs sem nem mesmo perceber. Agora, explorarei algumas das repercussões dessa tokenização da moeda e como ela transformará nossa atuação no ambiente digital.

6. PARA FICARMOS DE OLHO

À medida que avançamos na era digital, o futuro das moedas e das transações financeiras é moldado por inovações que desafiam as convenções tradicionais e abrem caminho para um mundo mais descentralizado e seguro. O capítulo que se segue mergulha nas tendências emergentes que prometem revolucionar a maneira como interagimos com nosso dinheiro e nossos ativos. Do uso inovador de Smart Contracts à crescente importância da privacidade e segurança, exploraremos como a tecnologia está redefinindo os fundamentos da confiança e da conveniência no universo financeiro. Prepare-se para uma jornada pelo que pode ser o futuro próximo das transações digitais, onde a simplicidade encontra a robustez, e a autonomia se torna a norma.

6.1 Account Abstraction, endereçando a usabilidade de redes não permissionárias

Account Abstraction permite juntar a funcionalidade das duas contas nativas da rede Ethereum, a conta de usuário (o par de chave pública/privada que todos que interagem com essa Blockchain usam) e a conta de contrato (que define os Smart Contract e como funciona determinado protocolo ou token). Isso foi possibilitado após a implementação da EIP-4337 (Ethereum Improvement Proposal-4337) que criou o padrão ERC-4337, em março de 2023.

Em outras palavras, com a criação do ERC-4337, agora é possível trazer Smart Contracts para as wallets de usuários. Modelos de negócio, como autorizar uma transação de uma carteira já existente via duas assinaturas ou via o reconhecimento facial do seu celular, fees de transações de uma carteira serem pagos por outra carteira e possibilidade de mudança de proprietário da carteira caso uma carteira fique determinado tempo inerte (o que ajudaria no caso de sucessão que discuti acima), são agora possíveis de serem implementados de maneira nativa da rede Ethereum.

Com o desenvolvimento dessa solução, muito em breve não precisaremos mais nos preocupar com "seed phrase", chave privada etc. Será possível montar arquiteturas de acesso às nossas carteiras de uma forma muito mais fácil e eficiente do que as que temos hoje. E vou além, melhores também do que as que temos hoje no mercado tradicional. Por ser algo que está começando e sem legado algum, essa tecnologia parte sem preconceito e sem limitantes e tem tudo o que já foi desenvolvido e discutido pelo mercado tradicional como pano de fundo para seu desenvolvimento.

Ter uma carteira que precise de um reconhecimento facial, um SMS, um autenticador 2FA e/ou um código enviado para seu e-mail para que a transação seja autorizada, são modelos que já estão aí disponíveis. Funcionam no mercado tradicional e não devem demorar a vir para DeFi. O que espero ver nos próximos meses são modelos mais disruptivos, que consideram não somente dados estáticos e aleatórios, mas também o comportamento da pessoa, e melhor; em tempos de ChatGPT, por que não dizer que esse modelo poderia se autoalimentar, aprendendo com suas experiências e se adaptando a isso?

Imagine configurar sua carteira digital para que, se não for acessada por um período específico, pessoas previamente autorizadas e que estiveram próximas a você no último acesso possam ter controle total sobre ela. Pense também em uma configuração onde seus filhos possuam uma carteira para receber mesada, permitindo-lhes gastar pequenas quantias autonomamente, mas para valores maiores, sua autorização conjunta é necessária. São apenas algumas das possibilidades que vislumbro.

No entanto, acredito que as inovações mais surpreendentes virão de ideias ainda não concebidas. E quando essas ideias forem reveladas, minha reação será: "Caramba! Que espetacular!". Não preciso ir muito fundo nas vantagens de se fazer custódia própria, do ponto de vista de controle e privacidade, e com Account Abstraction, uma das grandes dificuldades para tal (a gestão de chaves privadas) começa a ficar para trás.

Assim que conseguirmos pagar com cripto, e aqui entenda-se principalmente Stablecoins, tão facilmente quanto usamos um PIX, cartão de crédito cadastrado no Applepay, Paypal e outros, o que mais impedira que essa tecnologia fosse a principal infraestrutura de pagamentos do mundo?

Os casos citados acima compreendem dois mercados gigantes, o de pagamentos e o de custódia de ativos. E com Account Abstraction, ambos podem estar muito próximos de terem um concorrente de peso batendo na porta dos atuais provedores desses serviços, com uma solução descentralizada e com uma experiência melhor para o usuário.

O pano de fundo aqui, principalmente no caso da custódia, é a confiança. Essa pode ser em um terceiro de confiança, ou em um Smart Contract. Hoje o primeiro ganha "de lavada" por conta das facilidades de acesso que oferece, mas com Account Abstraction, essa vantagem parece estar com os dias contados.

Se os serviços dos dois tivessem funcionalidades e facilidades de acesso iguais, em qual você confiaria mais? No código ou em um terceiro de confiança?

6.2 ZK (Zero Knowledge), endereçando privacidade e interoperabilidade

ZK é um algoritmo de criptografia que permite determinada pessoa/protocolo/sistema prover algo para outra pessoa/protocolo/sistema sem que nenhuma informação seja compartilhada entre essas duas partes, a não ser a confirmação de que (A) tem conhecimento sobre o assunto, (B) e

(A) e (B) concordam com isso. Essa prova tem que ser feita sem um terceiro, só entre as duas partes.

A ilustração mais usada para explicar envolve aquele livro chamado "Onde está Wally?". Conhece? Foi uma febre há uns vinte anos. Bem, a explicação decorre de eu provar para você que sei onde o Wally está na ilustração, porém sem apontar onde ele está. A forma de fazer isso é pegar uma cartolina, fazer um buraco bem pequeno, posicionar a ilustração atrás da cartolina de tal maneira que, quando você olhar pelo buraco, verá a figura do Wally. Isso provaria que sei onde está o Wally na ilustração, sem mostrar onde ele está, pois o posicionamento da ilustração atrás da cartolina poderia ser qualquer um.

Os algoritmos e as formas de se fazer isso tiveram sua proposição – ou nascimento, se você assim preferir – em dois textos acadêmicos, um de 1989 e outro de 1991. Ou seja, temos algo como trinta anos desde que a primeira forma de se fazer isso foi concebida. De lá para cá, muito se avançou e algumas ideias já estão definidas quando falamos de ZK.

Um dos conceitos importantes foi o de Snarks, que é um acrônimo para Succinct, Non-interactive, ARgument of Knowledge, ou seja, uma forma sucinta, sem interação, de se provar que você tem conhecimento sobre algo. Isso foi crucial, pois uma maneira de comprovar algo a alguém é através da repetição constante de informações. Assim, após reiterar N vezes que sei algo, estatisticamente, você estaria convencido disso. Isso esbarra em duas restrições: (1) o volume de informações que tem que ser trocado a cada interação; e (2) a quantidade de interações necessárias. Em termos computacionais, isso se traduz em tamanho dos arquivos e capacidade de processamento, e quanto maior os dois, mais lento e caro fica esse processo. O desenvolvimento dos Snarks possibilitou que houvesse essa troca somente uma única vez e com um número reduzido de informações.

Outra forma de se fazer isso é por Starks, acrônimo para Scalable, Transparent Argument of Knowledge, ou seja, uma forma escalável e transparente de provar que se tem conhecimento sobre algo. Até onde consegui entender, essa forma parece ser mais escalável à medida que temos mais dados que necessitem de provas, e há também uma corrente que defende que Starks são protegidos do avanço de Quantum Computing, mas confesso que não fui muito a fundo aqui.

Juntando as duas coisas temos as utilizações atuais em Blockchain de ZK-Snarks, ou seja, uma única interação entre dois agentes, onde o primeiro constata que o segundo sabe algo por meio de uma prova sucinta (pequena) e sem que esse segundo abra nenhuma informação adicional.

Essas provas são feitas de maneira completa, válida e sem que o verificador receba nenhuma informação, a não ser a de que ela é válida ou não.

Pode parecer algo abstrato e difícil de tangibilizar, mas é aqui que os casos práticos em teste e potenciais aplicações dessa tecnologia entram em cena. Vamos explorá-los.

Por que ZK pode mudar o mundo?

O que você acharia de poder provar para um banco que você tem capacidade de pagar um empréstimo sem ter que revelar nenhuma informação financeira? Ou provar que você é brasileiro sem mostrar seu passaporte, RG ou carteira de habilitação? Ou provar que você tem determinado conhecimento sem mostrar seu currículo ou certificado do curso? Ou, para terminar, provar que determinada cópia/edição de uma foto foi tirada em determinado local e data específica?

Esses são alguns casos de uso que já estão sendo testados, mas não para por aí. Casos de uso em computação e arquitetura de sistemas vão bem além disso. Por tornar a prova rápida e sem a necessidade de grande capacidade computacional para fazê-la, ZK está sendo usado também para a "exportação" de determinadas atividades para computadores mais potentes que, após o fazerem, emitem uma prova do resultado de tal forma que o computador mais "fraco" consiga atestar e comprovar o resultado.

Qual o papel de Cripto/Blockchain em ZK?

Bem, um dos gargalos das Blockchains é a limitação de escalabilidade atual. Não preciso ir longe, a própria rede Ethereum está se desenvolvendo via as suas L2.

De forma simplista, o que as L2 fazem é processar várias operações e registrar provas desse processamento na rede principal. E é aqui que ZK entra. Com a ZK, essas provas podem ser feitas de uma maneira muito mais rápida, sem ter que lidar com muitas informações, e o melhor de tudo, sem revelar nada sobre a base de transações que deram origem a essa prova. Isso é o que chamam de ZK-rollups.

O desenvolvimento disso está em crescimento acelerado, com a Polygon sendo uma das principais expositoras disso via seu ZK-rollup.

Dada a limitação de escalabilidade, o uso de ZK (Zero-Knowledge Proofs) surge como uma solução lógica para facilitar a interação entre os diversos layers que estão sendo desenvolvidos. Isso permite alcançar escalabilidade através do uso mais eficiente do espaço no bloco da rede principal. Assim, uma única operação registrada no bloco principal pode representar várias outras transações que ocorrem em camadas distintas (layers), otimizando o espaço e, consequentemente, a eficiência da rede. E ZK-Snarks dão o conforto necessário para que essa representatividade seja segura, que os arquivos a serem validados sejam pequenos, que não haja interação e nenhuma informação seja revelada sobre o conteúdo na L2.

O que realmente me fez compreender a magnitude de ZK foi um podcast[25] que escutei. Nele, um professor de Stanford traça um paralelo interessante: assim como a missão de levar o homem à Lua impulsionou o desenvolvimento de inúmeras tecnologias revolucionárias nas décadas subsequentes, a Blockchain está acelerando o avanço de ZK para solucionar seus próprios desafios de escalabilidade. Esse progresso em ZK tem o potencial de impactar diversos outros setores e aplicações no futuro. Um exemplo mencionado, que está sendo desenvolvido fora do contexto da Blockchain, é a luta contra as fake news e como ZK pode ser uma ferramenta valiosa nesse combate.

---

[25] "Stanfor Seminar – Zero-Knowledge and the Next Digital Revolution". Stanford Online (canal do YouTube). Disponível em: https://www.youtube.com/watch?v=3uqqfeK3vB8.

6.3 O que falta para tudo virar token?

De tudo que tenho estudado e acompanhado sobre o tema, a tokenização é um caminho sem volta.

Tudo virará token!

As vantagens de se utilizar um token, ou de se tokenizar algo, passam por temas como custo, transparência e rastreabilidade, entre outros. Os maiores obstáculos para chegarmos a esse futuro próximo estão na regulação e na constituição da rede por onde esses tokens transitarão.

Token é um ativo digital e, para ser usado em sua plenitude, requer uma infraestrutura de rede onde ele poderá ser negociado, registrado, custodiado, "automatizado" etc. Isso parece fácil, mas não é. As redes públicas não permissionadas (ou seja, aquelas em que qualquer pessoa poder fazer transações e consultar o histórico delas sem necessitar de uma autorização), como a Ethereum, esbarram em discussões como privacidade, escalabilidade e usabilidade. Enquanto isso, as redes privadas permissionadas não andam *pari passu* com as redes legadas no quesito utilização e em vários casos carecem ainda de mudanças nas regulações. É nesse cenário que navegam atualmente todos os projetos que envolvem tokenização.

Há muita inovação acontecendo em várias redes e deve haver confluência de interesses e disposição do mercado cripto e do financeiro tradicional para que este último tenha uma maior incorporação dessa tecnologia.

A popularização da tokenização no mundo passa por dois principais vetores: o de colocação de uma infraestrutura de rede para isso e a regulamentação dos inúmeros casos de uso que ela possibilita. Alguns deles podem implicar uma mudança significativa na forma como o mercado trabalha e nos agentes necessários para cada função.

Tendo eu vindo de uma vida pregressa em tesouraria e fundos de investimento, é nesse último que vejo uma transformação tectônica se aproximando. Casos como o da Enzyme[26] ou de alguns outros protocolos de DeFi deixam isso óbvio.

Do ponto de vista de narrativas, vejo hoje que o mercado financeiro tradicional (TradFi) tem um discurso muito similar quando o tema é tokenização.

A Buzz Word, ou palavra mais falada hoje em TradFi no que se refere à tecnologia, logo em seguida à inteligência artificial, é **tokenização**. Seja nas discussões do Drex, em que temos o Real tokenizado e título público tokenizado, ou nas discussões sobre fundos, recebíveis ou até ativos imobiliários, o tema tokenização está sempre presente. Não há discussão sobre inovação nesse setor sem, ao menos, tangenciar o tema.

Esse movimento não começou agora. Quem me acompanha na Fintrender[27] vê isso sendo discutido há mais de três anos. O mercado financeiro tradicional percebeu na Blockchain uma forma de ser mais eficiente e começa agora a colocar coisas em produção. O movimento começou. E para isso, um patamar importante é a construção de uma infraestrutura de mercado que suporte esse tipo de inovação. É aqui que podemos nos orgulhar de sermos brasileiros e estarmos puxando essa inovação no mundo. O piloto do Drex é exatamente para isso. Vem para criar uma infraestrutura onde esses tokens possam ser negociados.

Atualmente, os experimentos de tokenização estão fragmentados entre diversas redes, criando desafios em termos de interoperabilidade e padronização. Por exemplo, um desenvolvimento na rede Avalanche pode encontrar barreiras ao tentar interagir com um ativo na rede Ethereum. Considerando que ambas as redes não permissionárias possuem uma certa compatibilidade, já que são compatíveis com EVM. A complexidade aumenta quando incorporamos as infraestruturas do mercado financeiro tradicional ao cenário. Mas imagine um futuro em que exista uma única

---

[26] Gustavo Cunha. "Como a tokenização de ativos muda a indústria de fundos de investimento, 15 fev. 2023. Fintrender. Disponível em: https://www.fintrender.com/p/como-a-tokenizacao-de-ativos-muda.

[27] FinTrender (canal do YouTube). Disponível em: https://www.youtube.com/@fintrender.

rede TradFi capaz de suportar tokens. Quais seriam as possibilidades? Esse é justamente um dos propósitos do Drex e é o foco de diversos estudos, pilotos e investigações conduzidos pelos Bancos Centrais, como discutido no capítulo anterior. E se a tokenização em TradFi será a forma de trazer essa tecnologia "cripto" para dentro do mercado financeiro tradicional, do lado cripto, há outra narrativa em DeFi que vai no sentido contrário: de trazer TradFi para cripto. Essa narrativa atende pelo nome de RWA (Real World Asset, "ativos do mundo real").

O nome é curioso, para dizer o mínimo. Dado que praticamente tudo que temos hoje já está digitalizado, certificados de propriedade de automóveis e imóveis, por exemplo, chamar esses tipos de ativos de "ativos do mundo real" é peculiar, mas é o que é.

Bem, o principal expoente dessa narrativa é uma plataforma chamada Ondo.Finance[28]. Essa plataforma está trazendo para o mercado cripto investimentos de TradFi. Seu principal produto é um token que representa um ETF de títulos públicos americanos de curtíssimo prazo (iShares Short Treasury Bond ETF – NASDAQ: SHV). O volume desse token ainda é mínimo, cerca de USD 100 milhões, e o total de RWA registrados pela DeFiLlama[29] não passa de USD 400 milhões. O segundo expositor desse setor é a RealT[30], que traz para o mercado cripto tokens de imóveis.

No caso de iniciativas como a Ondo, ela vem para ajustar distorções existentes na ponte entre DeFi e TradFi, ou seja, arbitrar as taxas desses dois mercados. Até 2021 havia uma "taxa de juros" para investimentos em Stablecoins (UsdC e UsdT) bem mais altas em cripto do que o que se conseguia em USD em TradFi. Com o aumento dos juros americanos, e a queda do volume e iniciativas em DeFi nos últimos semestres, isso se inverteu. Hoje se consegue aplicar em títulos públicos americanos de curtíssimo prazo com taxas próximas a 4,5% ao ano, ao passo que as aplicações em Stablecoins via Aave, Compoud etc., estão pagando algo entre 2,5% e 3% ao

---

[28] Ondo.Finance. Disponível em: https://ondo.finance/.

[29] DeFiLlama. Disponível em: https://defillama.com/protocols/RWA.

[30] RealT. Disponível em: https://realt.co/.

ano. Lógico que essa arbitragem não é exata e os dois mercados têm riscos diferentes, mas o que a Ondo faz é permitir que isso seja feito, e daí cabe a cada agente definir se o diferencial de risco de um mercado em relação ao outro deve ser 5, 2, ou 0% ao ano, para o lado que desejar.

Enquanto esses dois mercados funcionarem como dois lagos que não se intercomunicam, as taxas podem ser muito diferentes nos dois. À medida que temos formas de comunicação entre os dois, temos mais liquidez e melhores formas de entender os diferenciais de risco de cada lado e os precificar de maneira melhor.

Vendo as discussões que estão ocorrendo dos dois lados, cripto e TradiFi, é incrível como a narrativa e a dinâmica, apesar de não serem a mesma, têm uma meta igual: ter tudo tokenizado. Chame isso de tokenização de ativos em TradFi ou RWA em cripto, o objetivo é exatamente o mesmo.

Isso me dá a certeza de que esse é um caminho realmente sem volta. A discussão pode ser relativa ao prazo de tudo isso ocorrer, que nem arrisco dizer, mas não em relação à direção que estamos tomando.

Contudo, a discussão de tokenização não se restringe de forma alguma ao mercado financeiro e vários setores econômicos estão testando o uso de tokens. Abaixo coloco alguns desses setores para ficarmos de olho.

6.3.1 Tokenização de imóveis

A tokenização de imóveis é uma promessa há anos. Desde que comecei a estudar e experimentar mais esse mercado, há iniciativas nesse sentido. Na época entendia-se – e isso ainda vale – que quanto mais intermediários (descentralização), transações (escalabilidade) e necessidade de transparência/imutabilidade um setor tivesse/necessitasse, mais potente seria o caso de utilização de Blockchain/tokenização. E o setor imobiliário "tica" (dá check em) todos esses pontos com maestria.

Os casos de uso vão desde a tokenização do imóvel em si, ou seja, criar um token que seja representativo da certidão de posse desse imóvel, até um token de recebível futuro de um contrato de aluguel, passando por

160 A TOKENIZAÇÃO DO DINHEIRO

situações de como um token pode ser atrelado a uma fechadura, liberando a entrada de um Airbnb e proporcionando a posse temporária desse imóvel.

Casos de uso em que esses tokens de imóveis servem como lastro de operações de empréstimos também acabam tangenciando esse mercado e podem transformar a indústria de empréstimos imobiliários em um imenso crowdfunding.

6.3.2 Tokenização do agro

Considero que muitos dos casos de uso de tokenização no agronegócio ficam na categoria expandida de casos de uso de cadeia de suprimentos. Como no caso imobiliário, ele também conta com muitos intermediários, muitas transações e a necessidade de comunicação/transparência entre esses agentes.

Nesse grupo se encaixam os rastreamentos de sacos de soja e fertilizantes, coordenação de operações de Barter que envolvam contratos (tokens) futuros, tokens de garantia de safra, entre outros. Vale dizer que aqui o uso de Internet das Coisas (IoT) também está muito presente e, em vários casos, a Blockchain é utilizada mais como um registro imutável de determinado dado gerado por um mecanismo atrelado ao item do que qualquer outra coisa. Um exemplo disso é o rastreamento de sacos de soja em uma operação de exportação entre o Brasil e a China.

6.3.3 Tokenização da identidade

A tokenização também pode ser usada para fins de identificação. Dada a intensa digitalização pela qual estamos passando, um token que represente uma pessoa é um dos casos mais diretos. Visto que aqui temos a interação entre o mundo real e o digital, vários meios estão sendo utilizados para fazer a ponte entre ambos. Casos como a validação do token via escaneamento da íris de forma descentralizada (Worldcoin), ou por estruturas centralizadas, como a autenticação dos nossos celulares, estão sendo testados.

Não preciso entrar muito nas vantagens de se ter uma identificação pessoal digital fácil, segura e imutável, pois nos deparamos com isso ao acessar nossas contas bancárias, todos os dias, nos aplicativos de celular. Contudo, em um mundo descentralizado (Web3) iremos além disso, possibilitando que uma carteira (wallet) tome um empréstimo sem prestar nenhuma garantia a não ser a confirmação de que o devedor é você, sua empresa, ou até empresas enormes, como a Embraer.

Aqui, o uso de ZKP pode ajudar muito ao permitir verificar certos dados sem que seja necessário expor muitas informações.

6.3.4 Tokenização e gaming

Gaming é um dos casos de uso mais mencionados quando se fala do potencial dos NFTs. Quem já interagiu alguma vez com o Fortnite sabe o potencial que um jogo descentralizado no mesmo estilo poderia ter. Lá, tudo é token: V-Bucks (as moedas do jogo), skins (roupas virtuais), armas etc.

A tokenização, neste caso, poderia atuar desde a verificação da idade mínima para jogar, passando por todas as transações de compra/venda dos itens, até os itens em si. Esse é um setor que acompanho menos, mas, segundo várias pessoas que consultei, o grande entrave, até o momento, está nas iniciativas de tokenização focarem mais na tecnologia e menos na "jogabilidade". Por isso, me parece uma questão de tempo para se ajustarem. É um setor que, novamente, "tica" vários dos pontos necessários para que Blockchain e tokenização sejam usados.

6.3.5 Tokenização na saúde

Hospitais enfrentam desafios significativos, como a gestão eficiente de estoques e a garantia de que os pacientes recebam a medicação correta. A implementação da tecnologia Blockchain pode ser uma solução valiosa para esses problemas, semelhante ao que ocorre na cadeia de suprimentos agrícola. Existem diversos testes e experimentos em andamento que exploram o uso do Blockchain para otimizar esses processos críticos em ambientes hospitalares.

No que diz respeito aos indivíduos, a Web3 traz a possibilidade de termos todos os nossos dados de saúde conosco em um único lugar e sem dependência de terceiros. Aqui entra outro ponto da tokenização/ Blockchain: a possibilidade de custódia própria. Esse é um tema muito discutido que proporciona vantagens como a citada, mas também enfrenta vários desafios.

6.3.6 Tokenização e o rastreamento de doações

Quem nunca ficou em dúvida se o dinheiro que está doando para determinada iniciativa chega ao seu destino e gostaria de saber qual o "pedágio" pago na intermediação até lá? A tokenização ajuda nisso no sentido de que torna tudo transparente e podemos ver todo o fluxo: quando e onde determinado valor foi utilizado.

Se já temos a imensa maioria do dinheiro ao redor do mundo digitalizado, por que não rastrear para onde vai e por onde passa o dinheiro que temos a intenção de doar para determinada pessoa, causa ou comunidade?

6.3.7 Tokenização e o setor de comunicações e de eletricidade

Esses dois setores também "ticam" os principais pontos para que Blockchain e tokenização lhes proporcionem muitos benefícios. Possuem vários intermediários, enorme capilaridade e altos volumes.

Projetos que utilizam tokens para gerir redes descentralizadas de IoT, ou mais recentemente de 5G, e que tokenizam a energia gerada em projetos de geração distribuída (GD) já estão em fases avançadas de testes.

No caso de comunicações, uma das principais iniciativas descentralizadas é a da Helium, mas o uso de tokenização para melhoria de sistemas internos de algumas operações e na comunicação entre elas está aí, "na porta".

Em se tratando de eletricidade, o mercado de energia migra a passos largos para ser mais descentralizado em sua produção e isso é um oceano para que tokenização e Blockchain interajam com ele.

6.4 Um pulo no futuro: Como o Drex e a tokenização de tudo afetará nossas vidas

Com base em minha extensa pesquisa e experiência em DeFi, CBDCs e Drex, quero abordar a questão que muitos, menos familiarizados com o tema, frequentemente me fazem: "Por que há tanto burburinho em torno disso?" ou, em outras palavras: "Por que você, Gustavo, decidiu escrever um livro sobre a tokenização do dinheiro?".

Tendo lido este livro até aqui, espero ter conseguido mostrar a você que o rumo da tokenização do dinheiro já está traçado e em franca implementação. O que faço a seguir é tentar antever quais as vantagens e mudanças que teremos em nossas vidas quando isso estiver efetivamente implementado.

A forma como faço isso é me transportando para o futuro e mostrando o que imagino ser o contexto pós implementação do Drex, bem como seus impactos. Tudo não passa hoje de especulação e pode não se concretizar, mas não tenho dúvidas de que o caminho de hoje nos leva para esse cenário.

Então, vem comigo nessa viagem...

Com a adoção de redes Blockchain em diversos países e a interoperabilidade entre elas, imagine ter tudo, absolutamente tudo, tokenizado e representado nessas redes. Seria como ter em uma única carteira digital todas as nossas informações e investimentos. Pense nisso como um acesso ampliado de uma Fintech, que já utiliza o Open Finance do Brasil, mas agora em escala global. E com tudo em Blockchains interconectadas, a experiência seria não apenas mais fluida, mas também transparente e auditável.

Visualize uma carteira no Drex na qual possamos consolidar diversos ativos e propriedades. Nela, teríamos saldos em moeda local, como Real tokenizado, e uma variedade de investimentos, incluindo CDB, títulos públicos, ações, entre outros. Além disso, a carteira abrigaria tokens representativos de bens tangíveis, como carros, casas e relógios. Mas não para por aí: o sistema seria expansível, permitindo a inclusão de outros tokens de utilidade, como NFTs relacionados a cursos, POAPs (tokens que comprovam a participação em eventos), obras de arte e qualquer outro token que você possa conceber.

Imagine, assim, uma carteira digital que não só guarda seu dinheiro, mas também é a chave para sua vida digital. Com a magia da tecnologia ZK, você poderia provar sua identidade sem revelar muitos detalhes pessoais, ou até mesmo nenhum. Isso significa acesso instantâneo a empréstimos bancários, entrada na área VIP do aeroporto, descontos no seu restaurante favorito e muito mais, tudo de forma simples, transparente e segura, mantendo sua privacidade intacta.

Mas não para por aí. Essa carteira também poderia armazenar momentos e conquistas da sua vida: ingressos de shows e viagens, seu diploma universitário, comprovantes de quitação de dívidas e muito mais. Basicamente, ela se tornaria uma extensão digital de quem você é: o seu "eu digital". Em um futuro não tão distante, imagine uma rede que centraliza todas as nossas transações, pagamentos, custódia, históricos e controle de acesso. Uma rede que, em sua essência, reduz intermediários e simplifica processos. Acessaríamos essa rede através de nossos smartphones, tão facilmente quanto acessamos nossas contas bancárias hoje. E, se por acaso, você não se sentisse à vontade para gerenciar tudo sozinho, haveria custodiantes confiáveis e regulamentados prontos para ajudar.

Pense em como seria prático: para verificar seu histórico médico, bastaria acessar os tokens de seus exames anteriores. Quer saber se a pensão alimentícia foi paga? Basta verificar a transferência em sua carteira. E a propriedade de um imóvel ou quem assistiu ao último show do Imagine Dragons? Tudo estaria registrado e facilmente acessível. Essa rede, que começa com um foco financeiro, rapidamente se expande para abranger quase todos os aspectos de nossas vidas, assim como o Open Banking evoluiu para o Open Finance.

Por meio dessa carteira universal, você poderia, em um instante, trocar Reais por Dólares e, com esses Dólares, adquirir um título do Tesouro Americano. Tudo isso com uma automação tão refinada que, com um simples clique, todas as operações necessárias seriam executadas. Para aqueles já familiarizados com o mundo das Blockchains, imagine uma mega Exchange centralizada, aprovada globalmente, que lista e negocia todos esses tokens.

Mas e a privacidade? Bem, certos dados, como exames médicos individuais, estariam protegidos por algoritmos de criptografia avançada. E a interoperabilidade? Essa rede centralizada serviria como uma ponte para todos os sistemas locais de Blockchain.

Se olharmos para trás, perceberemos o quão longe a tecnologia Blockchain já chegou desde o surgimento com seu primeiro caso de uso, o Bitcoin. E, embora essa visão de uma rede global de Blockchain ainda esteja em desenvolvimento, a evolução é inevitável. Os desafios são grandes e a jornada pode não ser uniforme em todos os lugares, mas o futuro promissor que se desenha é inegável.

6.5 Depin, a narrativa que faltava para todos virarmos mineradores

Nos últimos anos, cada vez mais tem me fascinado o quão poderosa pode ser uma narrativa e seus impactos na aceleração de novos modelos de negócio, comunidades e, por consequência, as mudanças que ela pode trazer. Nesse sentido, desde o final de 2023, tenho começado a esbarrar muito a narrativa de Depin (Decentralized Physical Infrastructure Networks ou, em tradução livre, "infraestrutura de redes física descentralizadas").

O conceito e as iniciativas não são algo novo. Em 2021, quando escrevi o texto "Seremos todos mineradores"[31], essa dinâmica de descentralização de infraestrutura estava lá e já demostrava seu poder de causar a disrupção de vários setores. A diferença hoje é que temos um guarda-chuva, ou melhor, uma narrativa para encampar todas essas iniciativas: Depin.

---

[31] Gustavo Cunha. "Seremos todos mineradores", 2 ago. 2021. FinTrender. Disponível em: https://www.fintrender.com/p/seremos-todos-mineradores.

Mas o que vem a ser Depin e quais seus possíveis impactos e desafios? E por que colocar isso dentro de uma narrativa ou uma sigla muda algo?

Depin representa um conceito onde a infraestrutura física, como sistemas de comunicação, Data Storage, processamento computacional etc. é operada e gerida de maneira descentralizada. Este conceito contrasta com os modelos tradicionais de infraestrutura, que são tipicamente centralizados e controlados por poucas entidades ou autoridades.

Nas Depin, a ideia é distribuir a responsabilidade e o controle da infraestrutura física entre múltiplos atores, que podem ser indivíduos, comunidades, empresas ou até sistemas automatizados. Essa abordagem descentralizada oferece várias vantagens, tais como resiliência a falhas e ataque, ser mais eficiente e flexível, velocidade de implementação, governança descentralizada, entre outros.

Isso tudo requer um modelo de incentivos muito bem pensado, já que a criação e a manutenção dessa infraestrutura são feitas de maneira descentralizada e, muitas vezes, são modelos que afetam diretamente infraestruturas que são providas ou reguladas pelos Estados.

O caso da Helium, que tratei, é algo emblemático nesse sentido. Eles conseguiram, em menos de dois anos, criar uma infraestrutura de comunicação de IOT mundial e que hoje está começando a migrar para uma rede de 5G, com o lançamento, em 2023, de um plano de celular nos Estados Unidos que utiliza sua infraestrutura. Isso sem ter investido praticamente nada em infraestrutura de telecomunicações. Todo investimento foi feito pelos usuários que compraram os equipamentos que são a base da infraestrutura da rede e que têm ganhado tokens por conta de manterem essa rede de pé e ainda ganharão futuramente com o tráfego de dados dela.

Um outro exemplo é o da Filecoin, que pretende descentralizar o armazenamento e processamento de dados, ou Cloud, como chamamos. Esse mercado tem "cheiro, cor e sabor" de um mercado esperando para ser "atacado". Quando digo atacado, quero dizer no sentido de que é um mercado que envolve muito dinheiro, é muito concentrado (AWS, Microsoft e Google detêm mais de 65% desse mercado) e tem uma escala mundial. Três pontos que brilham os olhos de qualquer empreendedor.

No Brasil, o surgimento de inúmeras Fintechs, em meados da década de 2010, foi exatamente em setores que cumpriam esses três pontos, os setores de crédito e meios de pagamento; e aqui vejo acontecendo algo semelhante, mas em uma magnitude global, descentralizada e que afeta diretamente gigantes de tecnologia. Tudo isso torna o jogo completamente diferente.

Dito isso, se tem um setor que, para mim, está na alça de mira de Depin é esse setor de processamento e guarda de dados na nuvem (Cloud). O tempo dirá se tenho razão ou não.

Bem, mas voltando ao ponto, o que tenho visto recentemente é que essa narrativa de descentralização de infraestrutura agora começa a ganhar corpo e se expandir muito. Ter um "nome" que engloba essas iniciativas torna o poder de alcance e conhecimento delas pelas pessoas muito maior. Já vimos isso em Cripto com termos como Defi e não só em Cripto, o próprio termo Fintechs ajudou muito o crescimento e a compreensão desse setor. À medida que colocamos essas iniciativas dentro de "caixinhas", fica mais fácil para entendermos o que elas fazem e como participar, ampliando, dessa forma, seu impacto.

Narrativas são parte da nossa necessidade humana de compreender o mundo ao nosso redor e, no momento que temos ela colocada em um setor que tem "cheiro" de setor pronto para ser transformado, junta-se "a fome com a vontade de comer".

Qual o maior entrave para a velocidade desse movimento? O primeiro para mim, é regulação. Como o governo irá tributar as pessoas que estão gerando a rede para a infraestrutura de 5G da Helium? Quanto será cobrado de impostos sobre os tokens que você receber por disponibilizar sua capacidade de processamento de dados excedentes no seu computador? Isso só para pegar um aspecto dessa mudança que é o aspecto tributário. Temos também questões de cyber segurança, acesso a dados, resiliência da rede, concessões de infraestrutura que o Estado vendeu para iniciativa privada, entre outros fatores a serem analisados.

Os setores de energia e de telecomunicação, por exemplo, são os que têm uma regulamentação muito forte, o que pode tornar os desenvolvimentos de Depin mais lentos. Diferentemente destes, os setores de cloud e de processamento de dados têm bem menos regulação. Isso para citar três setores onde tenho visto mais iniciativas de Depin sendo desenvolvidas.

Um ponto importante é que, mesmo que a regulamentação seja capaz de atrasar esse movimento rumo à Depin, me parece que isso é inevitável em médio e longo prazos. Pegue, por exemplo, a rede 5G que precisa ter antenas muito perto umas das outras; e fazer isso de maneira centralizada é caro, ineficiente e demorado. Faz muito mais sentido resolver isso de maneira descentralizada.

Um outro aspecto dessa narrativa é a rede que elas estão usando: a Solana. Após o debacle da FTX no final de 2022, essa rede ficou meio que moribunda por um tempo, mas nos últimos meses tem ressurgido das cinzas, com vários projetos sendo anunciados e muita movimentação de protocolos de Depin nela. Confesso que nunca a estudei muito a fundo e tenho um pouco da imagem dessa rede no seu começo, onde havia dias em que ela ficava fora do ar. Mas com essa quantidade de iniciativas a utilizando, já vejo a necessidade de entender melhor seu funcionamento, suas vantagens e diferenças em relação ao que temos no ecossistema da Ethereum.

Sempre vi grande potencial nessas iniciativas e com a colocação de uma narrativa e um nome (Depin) nelas, me parece que chegou a hora de serem implementadas e tirarem vários setores da zona de conforto.

CONCLUSÃO: O AMANHECER DE UMA NOVA ERA MONETÁRIA

Enquanto fazia sua leitura, você não apenas navegou pelas ondas da revolução financeira, mas também vislumbrou o horizonte de um mundo onde a moeda, como a conhecemos, está prestes a ser redefinida. A transformação da moeda, seja através de Stablecoins, seja por meio de CBDCs, é apenas o começo de uma metamorfose mais ampla que está prestes a remodelar a essência de nossas interações digitais.

A digitalização já se infiltrou em quase todos os aspectos de nossas vidas, mas o que exploramos neste livro é o próximo passo: a **tokenização**. Essa não é apenas uma mudança técnica, mas uma evolução que promete tornar nossas interações mais transparentes, auditáveis e, acima de tudo, programáveis. E no centro dessa revolução está a moeda, o token primordial que permeia quase todas as nossas transações.

Mas, como em qualquer jornada de transformação, os desafios são inúmeros e envolvem questões técnicas, como interoperabilidade, privacidade e transparência, até implicações regulatórias e econômicas. Estamos navegando por águas inexploradas. No entanto, é crucial lembrar que, por trás de cada desafio, reside uma oportunidade. Uma oportunidade para nós, como sociedade, moldarmos o futuro da nossa economia digital.

A visão de um mundo em que a moeda é tokenizada e a vida digitalizada não é mais mera fantasia. Está se tornando realidade. E enquanto nos preparamos para essa nova era, é essencial que mantenhamos a mente aberta, pronta para aprender, adaptar e inovar. Porque, no final das contas, a verdadeira magia não está apenas na tecnologia em si, mas em como a utilizamos para melhorar a vida das pessoas.

Ao refletir sobre o futuro, é impossível não se sentir inspirado e um pouco maravilhado.

Então, enquanto fechamos este livro, é fundamental reconhecer a magnitude da transformação que está se desenrolando diante de nós. Estamos à beira de uma revolução com o potencial de redefinir não apenas como transacionamos, mas como vivemos, interagimos e sonhamos. E enquanto olhamos para o futuro com esperança e antecipação, é essencial lembrar que cada um de nós tem um papel a desempenhar nessa jornada. Porque, no coração dessa revolução, está a promessa de um mundo mais conectado, transparente e empoderado.

E esse é um futuro pelo qual vale a pena lutar.

Abaixo você encontrará um QRCode especial.

Ao escaneá-lo, você será direcionado aos meus principais canais e plataformas, por meio deles continuo compartilhando insights, pesquisas e as mais recentes novidades do universo financeiro digital.

É uma maneira que encontrei de nos mantermos conectados e de você continuar sua jornada de aprendizado ao meu lado.

Agradeço profundamente por ter me acompanhado até aqui e espero que possamos seguir juntos nesta fascinante exploração. Muito obrigado pela leitura e confiança!

Um abraço,

Gustavo Cunha

REFERÊNCIAS

AGUR, I.; ARI, A.; DELL'ARICCIA, G. Designing Central Bank Digital Currencies. *IMF Working Papers*, [*s.l.*], v. 2019, n. 252, 2019. Disponível em: https://www.elibrary.imf.org/view/journals/001/2019/252/001.2019.issue-252-en.xml. Acesso em: 3 abr. 2024.

ANTE, L.; FIEDLER, I.; STREHLE, E. The Influence of Stablecoin Issuances on Cryptocurrency Markets. *BRL Working Paper*, [*s.l.*], v. 11, n. 11, p. 1-15, 2020. Disponível em: https://doi.org/10.13140/RG.2.2.18405.83683. Acesso em: 3 abr. 2024.

AUER, R.; BOHME, R. The technology of retail central bank digital currency. *BIS Quarterly Review*, [*s.l.*], p. 85-100. Mar. 2020. Disponível em: https://www.bis.org/publ/qtrpdf/r_qt2003j.pdf. Acesso em: 3 abr. 2024.

BANK FOR INTERNATIONAL SETTLEMENTS – BIS. *G7 Working Group on Stablecoins*. Investigating the impact of global stablecoins. Basileia: BIS, 2019. Disponível em: https://www.bis.org/cpmi/publ/d187.pdf. Acesso em: 4 abr. 2024.

BANK FOR INTERNATIONAL SETTLEMENTS – BIS. *Project Mariana*: cross-border exchange of wholesale CBDCs using automated market-makers. Basileia: BIS, 2023. Disponível em: https://www.bis.org/publ/othp75.htm. Acesso em: 4 abr. 2024.

BANK FOR INTERNATIONAL SETTLEMENTS – BIS. Will the real stablecoin please stand up? *CPMI Papers*, n. 141, 8 nov. 2023. Disponível em: https://www.bis.org/publ/bppdf/bispap141.htm. Acesso em: 4 abr. 2024.

BANK FOR INTERNATIONAL SETTLEMENTS - BIS. *Recommendations for the Regulation, Supervision and Oversight of Global Stablecoin Arrangements* - Executive Summary, 29 fev. 2024. Basileia: BIS, 2024. Disponível em: https://www.bis.org/fsi/fsisummaries/global_stablecoins.htm. Acesso em: 12 abr. 2024.

BARALDO, R. Introdução a DeFi. *Medium*, 1º maio 2020. Disponível em: https://medium.com/@rafaellabaraldo/introdu%C3%A7%C3%A3o-a-defi-9c9d84aad43c. Acesso em: 3 abr. 2024.

BOAR, C.; HOLDEN, H.; WADSWORTH, A. Impending arrival – a sequel to the survey on central bank digital currency. *BIS Papers*, Basileia, n. 107, 23 jan. 2020. Disponível em: https://www.bis.org/publ/bppdf/bispap107.htm. Acesso em: 3 abr. 2024.

BULLMANN, D.; KLEMM, J.; PINNA, A. In search for stability in crypto-assets: are stablecoins the solution? *ECB Occasional Paper*, Frankfurt, n. 230, ago. 2019. Disponível em: https://ssrn.com/abstract=3444847. Acesso em: 3 abr. 2024.

BUTERIN, V. Soulbound. *Vitalik*, 26 jan. 2022. Disponível em: https://vitalik.eth.limo/general/2022/01/26/soulbound.html. Acesso em: 3 abr. 2024.

CENTRAL Bank Digital Currency Tracker. *Atlantic Counsel*. Disponível em: https://www.atlanticcouncil.org/cbdctracker/. Acesso em: 4 abr. 2024.

CUNHA, G. O dólar digital: o que são e como funcionam as Stablecoins. *InfoMoney*, 25 fev. 2019a. Disponível em: https://www.infomoney.com.br/colunistas/blog-do-cunha/o-dolar-digital-o-que-sao-e-como-funcionam-as-stablecoins/. Acesso em: 3 abr. 2024.

CUNHA, G. Libra: criptomoeda do Facebook pode revolucionar o modelo econômico em que vivemos. *InfoMoney*, 20 jun. 2019b. Disponível em: https://www.infomoney.com.br/colunistas/blog-do-cunha/libra-criptomoeda-do-facebook-pode-revolucionar-o-modelo-economico-em-que-vivemos. Acesso em: 3 abr. 2024.

CUNHA, G. Seremos todos mineradores? *Fintrender*, 2 ago. 2021. Disponível em: https://www.fintrender.com/p/seremos-todos-mineradores. Acesso em: 3 abr. 2024.

CUNHA, G. Como a Tokenização de Ativos Muda a Indústria de Fundos de Investimento. *Fintrender*, 15 fev. 2023a. Disponível em: https://www.fintrender.com/p/como-a-tokenizacao-de-ativos-muda. Acesso em: 3 abr. 2024.

CUNHA, G. Saindo do Zero em Zero Knowledge. *Fintrender*, 22 mar. 2023b. Disponível em: https://www.fintrender.com/p/saindo-do-zero-em-zero-knowledge. Acesso em: 3 abr. 2024.

CUNHA, G. Juros em Stablecoins: a batalha entre DAI, USDT e USDC. *Fintrender*, 17 nov. 2023. Disponível em: https://www.fintrender.com/p/juros-em-stablecoins-usdc-usdt-dai. Acesso em: 3 abr. 2024.

CUNHA, G. Sensores para todo lado. *Fintrender*, 24 jan. 2024. Disponível em: https://www.fintrender.com/p/sensores-depin-silencio-noddle. Acesso em: 3 abr. 2024.

EICHENGREEN, B. The Stable-Coin Myth. *Project Syndicate*, 11 set. 2018. Disponível em: https://www.project-syndicate.org/commentary/stable-coins-unviable-cryptocurrencies-by-barry-eichengreen-2018-09?barrier=accesspaylog. Acesso em: 4 abr. 2024.

FAULKENDER, M.; VASQUEZ, D. Central Bank Digital Currencies. *Center for American Prosperity*, 17 ago. 2023. Disponível em: https://americafirstpolicy.com/assets/uploads/files/Faulkender__Vasquez_CBDC_Research_Report_Final_Publication_.pdf. Acesso em: 4 abr. 2024.

FINTRENDER. YouTube. Disponível em: https://www.youtube.com/@fintrender. Acesso em: 4 abr. 2024.

FIS GLOBAL. *GPR 2023.* The Global Payments Report – Payment insights that drive growth. 8. ed. [*s.l.*], World Play from FIS, 2023. Disponível em: https://www.fisglobal.com/-/media/fisglobal/files/campaigns/global-payments%20report/FIS_TheGlobalPaymentsReport_2023.pdf. Acesso em: 4 abr. 2024.

GALA, S.; KASSAB, S. State of DePin 2023. *Messari,* 5 jan. 2024. Disponível em: https://messari.io/report/state-of-depin-2023. Acesso em: 4 abr. 2024.

GARRATT, R.; SHIN, H. S. Stablecoins versus tokenised deposits: implications for the singleness of money. *BIS Bulletin,* Basileia, n. 73, 11 abr. 2023. Disponível em: https://www.bis.org/publ/bisbull73.htm. Acesso em: 4 abr. 2024.

GRIFFIN, J. M.; SHAMS, A. Is Bitcoin Really Un-Tethered? *SSRN Electronic Journal,* Rochester, 25 jun. 2019. Disponível em: https://doi.org/10.2139/ssrn.3195066. Acesso em: 4 abr. 2024.

HARARI, Y. N. *Sapiens:* uma breve história da humanidade. Porto Alegre: L&PM, 2016.

HARRIS, L. Stock Price Clustering and Discreteness. *The Review of Financial Studies,* Oxford, v. 4, n. 3, p. 389-415, 5 maio 1991. Disponível em: https://doi.org/10.1093/rfs/4.3.389. Acesso em: 4 abr. 2024.

INTERNATIONAL TELECOMMUNICATION UNION – ITU. Statistics. *ITU,* 12 fev. 2024. Disponível em: https://www.itu.int/en/ITU-D/Statistics/Pages/stat/default.aspx. Acesso em: 4 abr. 2024.

KIM, S.; SARIN, A.; VIRDI, D. Crypto-assets unencrypted. *Journal of Investment Management,* Lafayette, p. 1-49, 31 jan. 2018. Disponível em: https://papers.ssrn.com/sol3/papers.cfm?abstract_id=3117859. Acesso em: 4 abr. 2024.

KONDOVA, G.; BOLLIGER, C.; THAMMAVONGSA, E. Stablecoins: Types and Applications. *SSRN,* 3 abr. 2020. Disponível em: https://ssrn.com/abstract=3553296. Acesso em: 4 abr. 2024.

KOSSE, A.; GLOWKA, M.; MATTEI, I.; RICE, T. Will the real stablecoin please stand up? *BIS papers,* Basileia, n. 141, 3 nov. 2023. Disponíel em: https://www.bis.org/publ/bppdf/bispap141.htm. Acesso em: 4 abr. 2024.

LEWIS, A. *The Basics of Bitcoins and Blockchains.* New York: Mango, 2018.

LIBRA. Whitepaper. *Libra.org,* 2019. Disponível em: https://libra.org/en-US/white-paper/#introducing-libra46. Acesso em: 4 abr. 2024.

LISTA de vieses cognitivos. *Wikipédia.* Disponível em: https://en.wikipedia.org/wiki/List_of_cognitive_biases. Acesso em: 4 abr. 2024.

LYONS, R. K.; VISWANATH-NATRAJ, G. What Keeps Stablecoins Stable? *Nber Working Paper Series*, Cambridge, maio 2020. Disponível em: https://www.nber.org/system/files/working_papers/w27136/w27136.pdf. Acesso em: 4 abr. 2024.

MAGGIO, M.; PLATIAS, N. Is Stablecoin the Next Big Thing in E-Commerce? *Harvard Business School Publishing*, 21 maio 2020. Disponível em: https://hbr.org/2020/05/is-stablecoin-the-next-big-thing-in-e-commerce. Acesso em: 3 abr. 2024.

MAKER. The DAI Stablecoin System. *MakerDao*, Dec. 2017. Disponível em: https://bit.ly/2DwX21S. Acesso em: 4 abr. 2024.

MITA, M.; ITO, K.; OHSAWA, S.; TANAKA, H.; BERENTSEN, A.; SCHÄR, F.; SAMMAN, G.; MASANTO, A.; SWANSON, T.; LEWIS, A. What is Stablecoin? A Survey on Price Stabilization Mechanisms for Decentralized Payment Systems Makiko. *In*: INTERNATIONAL CONGRESS ON ADVANCED APPLIED INFORMATICS (IIAI-AAI), 8, 2019, p. 60-66, mar. 2019. Disponível em: https://ieeexplore.ieee.org/document/8992735. Acesso em: 4 abr. 2024.

MOHAMED, H. (2020). "Implementing a Central Bank Issued Digital Currency with Economic Implications Considerations". *International Journal of Islamic Economics and Finance*, Yogyakarta, v. 3, n. 1, p. 51-74, 2020. Disponível em: https://doi.org/10.18196/ijief.2121. Acesso em: 4 abr. 2024.

MOIN, A.; SEKNIQI, K.; SIRER, E. G. SoK: A Classification Framework for Stablecoin Designs. *Financial Cryptography and Data Security*, FC 2020, [*s.l.*], p. 174-197, 18 jul. 2020. Disponivel em: https://link.springer.com/chapter/10.1007/978-3-030-51280-4_11. Acesso em: 4 abr. 2024.

MOORE, T.; CHRISTIN, N. Beware the middleman: Empirical analysis of Bitcoin-exchange risk. *Financial Cryptography and Data Security*, FC 2013, [*s.l.*], p. 25-33, 2013. Disponível em: https://doi.org/10.1007/978-3-642-39884-1_3. Acesso em: 4 abr. 2024.

NAKAMOTO, S. Bitcoin: A Peer-to-Peer Electronic Cash System. *Bitcoin.org*, 2008. Disponível em: https://bitcoin.org/bitcoin.pdf. Acesso em: 4 abr. 2024.

PERNICE, I. G. A.; HENNINGSEN, S.; PROSKALOVICH, R.; FLORIAN, M.; ELENDNER, H.; SCHEUERMANN, B. Monetary stabilization in cryptocurrencies: design approaches and open questions. *In*: CRYPTO VALLEY CONFERENCE ON BLOCKCHAIN TECHNOLOGY, 2019, p. 47-59. Disponível em: https://doi.org/10.1109/CVCBT.2019.00011. Acesso em: 4 abr. 2024.

PERSPECTIVAS do Drex: uma análise institucional. *Parfin*, 2023. Disponível em: https://cloud.mkt.parfin.io/ReportDrex. Acesso em: 4 abr. 2024.

PIETERS, G.; VIVANCO, S. Financial regulations and price inconsistencies across Bitcoin markets. *Information Economics and Policy*, Zurique, n. 39, p. 1-14, jun. 2017. Disponível em: https://doi.org/10.1016/j.infoecopol.2017.02.002. Acesso em: 4 abr. 2024.

Q2 2020 DeFi Report: A review and analysis of the trends and facts that shaped DeFi from April through June 2020. *Consensys*, jun. 2020. Disponível em: https://consensys.io/insights/q2-2020-defi-report.

QUARTERLY report Q2 2020. *CoinGecko*, 2020. Disponível em: https://assets.coingecko.com/reports/2020-Q2-Report/CoinGecko-2020-Q2-Report-Part-1.pdf. Acesso em: 3 abr. 2024.

QURESHI, H. Stablecoins: designing a price-stable cryptocurrency. *Hackernoon*, 2018. Disponível em: https://hackernoon.com/stablecoins-designing-a-price-stable-cryptocurrency-6bf24e2689e5. Acesso em: 4 abr. 2024.

SCHÄR, F. Decentralized Finance: On Blockchain and Smart Contract-based Financial Markets. *SSRN*, [*s.l.*], 4 maio 2020. Disponível em: https://papers.ssrn.com/sol3/papers.cfm?abstract_id=3571335. Acesso em: 4 abr. 2024.

STATE of the USDC Economy. *Circle*, set. 2023. Disponível em: https://www.circle.com/reports/state-of-the-usdc-economy. Acesso em: 3 abr. 2024.

TETHER: Fiat currencies on the Bitcoin blockchain. *Tether*. Disponível em: https://assets.ctfassets.net/vyse88cgwfbl/5UWgHMvz071t2Cq5yTw5vi/c9798ea8db99311bf90ebe0810938b01/TetherWhitePaper.pdf. Acesso em: 4 abr. 2024.

URQUHART, A. Price clustering in Bitcoin. *Economics Letters*, [*s.l.*], v. 159, p. 145-148, out. 2017. Disponível em: https://doi.org/10.1016/j.econlet.2017.07.035. Acesso em: 4 abr. 2024.

WEI, W. C. The impact of Tether grants on Bitcoin. *Economics Letters*, [*s.l.*], v. 171, p. 19-22, out. 2018. Disponível em: https://doi.org/10.1016/j.econlet.2018.07.001. Acesso em: 4 abr. 2024.

WHAT are stablecoins? *Binance Academy*. Disponível em: https://academy.binance.com/economics/what-are-stablecoins. Acesso em: 4 abr. 2024.

WORLD ECONOMIC FORUM – WEF. *Central Bank Digital Currency Policy-Maker Toolkit*: Centre for Fourth Industrial Revolution. Insight report. WEF: Geneva, 2020. Disponível em: https://www3.weforum.org/docs/WEF_CBDC_Policymaker_Toolkit.pdf. Acesso em: 4 abr. 2024.

WORLD ECONOMIC FORUM – WEF. *Central Bank Digital Currency*: Global Interoperability Principles. WEF: Geneva, 29 jun. 2023. Disponível em: https://www.weforum.org/publications/central-bank-digital-currency-global-interoperability-principles/. Acesso em: 4 abr. 2024.

XU, J.; PARUCH, K.; COUSAERT, S.; FENG, Y. SoK: Decentralized Exchanges (DEX) with Automated Market Maker (AMM) Protocols. *ArXiv*, Ithaca, 14 mar. 2023. Disponível em: https://arxiv.org/abs/2103.12732. Acesso em: 4 abr. 2024.